BETTINA MEISELBACH

Total geniales GEMÜSE

88 kreative Lieblingsrezepte für die Extraportion Gemüse jeden Tag

BM-Books

Inhalt

Rezeptübersicht

Vorwort

Zu viel Gemüse auf dem Teller gibt es nicht. Daher ist mein Ernährungsmotto nun schon seit vielen Jahren: Gemüse, Gemüse, Gemüse!

Über Jahrzehnte hatte das Gemüse in unserer Ernährung einen in meinen Augen unwürdigen und ungeliebten Beilagencharakter. Die Teller wurden gefüllt mit einem großen Stück Fleisch, einer üppigen Menge an preisgünstigen Sättigungsbeilagen wie Kartoffeln, Nudeln oder Reis, und dann versteckte sich noch irgendwo in einer kleinen Ecke, oder fast unsichtbar im Essen, eine winzige Portion Gemüse. In dieser Kombination entwickelte sich unsere Ernährung in eine Richtung, wodurch die Hüften der Bürger wuchsen und dazu kamen immer weniger lebenswichtige Nährstoffe und Ballaststoffe auf den Teller.

Ich kann ein Lied davon singen, denn im Jahr 2013 wog ich über 130 kg und war an Diabetes-Typ-2 erkrankt. In der Folge stellte ich meine Ernährung um, reduzierte Kohlenhydrate und Fertigkost auf meinem Speiseplan und als wichtigste Maßnahme, verdreifachte ich meinen Gemüseverzehr. Das Gewicht purzelte, meine gesundheitliche Situation verbesserte sich und ganz nebenbei, aß ich besser denn je. Aus meinen Rezepten entstand 2014 der Blog www.happycarb.de und ich begann meine leckeren Küchenideen mit meinen Lesern zu teilen. Besuchen Sie mich doch dort, wenn Sie neugierig sind.

Es geht in meinem Gemüsebuch jedoch nicht um Low Carb und nicht um das Ziel der schlanken Linie, sondern ich habe in den vergangenen Jahren einfach gelernt, dass Gemüse auf dem Teller immer den Mittelpunkt jeder Ernährung bilden sollte. Gesunde Ernährung hängt nicht damit zusammen, ob Sie zum Beispiel Fleisch essen oder nicht, sondern was Sie zu dem Fleisch dazu essen, macht einen großen Unterschied. Es ist wie bei allem im Leben: Die Dosis macht das Gift. Mein Weg führte mich dahin, dass ich Fleisch mengenmäßig reduzierte, ich kickte dazu nährstoffarme und kohlenhydratreiche Sättigungsbeilagen vom Teller und machte das Gemüse in allen Variationen zum Hauptdarsteller meiner Mahlzeiten.

Was für ein herrliches Schlaraffenland hat die Natur für uns vorbereitet! In der jeweiligen Saison gibt es ein tolles Angebot an heimischem Gemüse. In unserer modernen Welt müssen wir jedoch nicht mal im Dezember auf Tomaten und Zucchini verzichten.

Natürlich ist saisonale und regionale Ware generell vorzuziehen, der Nährstoffgehalt und die Umweltbilanz danken dies. Aber hey, ich nutze im Winter durchaus gelegentlich das importierte Gemüseangebot, wenn es neben Wurzelgemüse, Kohl und Steckrüben mal ein anderer Geschmack sein soll. Die Mischung macht's und bei manchen Gemüsesorten warte ich sehr gerne voller Vorfreude auf die heimische Saison, da sage ich nur: Spargel.

Ich hoffe, meine Begeisterung für die bunte Gemüsevielfalt lässt sich mit meinen einfachen Worten irgendwie übertragen. Vielleicht können Sie es ja hören, aber ich singe hier gerade ein Loblied auf das Gemüse. Sie hören nichts? Besser so, denn mein Gesang ist wirklich »sehr speziell« und ich will Sie gleich viel mehr mit meinen deutlich besseren Kochkünsten überzeugen.

Bei der Vielzahl der Gemüsesorten habe ich mir für das Buch 11 Gemüsehelden als Hauptdarsteller ausgesucht, die alle sehr bekannt und beliebt sind. Sie dürfen schwelgen in Auberginen, Blumenkohl, Karotten/Möhren, Kohlrabi, Kürbis, Paprika, Spargel, Süßkartoffeln, Tomaten, Zucchini und Zwiebeln. Die Auswahl war ein schwieriges Unterfangen, denn es gibt ja auch noch wunderbaren Brokkoli, aromatischen Lauch, gesunden Spinat und viele weitere tolle Gemüsesorten. Von einer Sache können Sie daher sicher ausgehen: In meinen Rezepten kommt selten ein Gemüse alleine! Weitere Gemüsesorten kommen als Nebendarsteller fast immer ebenfalls zum Einsatz. Ich kombiniere gerne verschiedene Gemüse, um eine Vielzahl von unterschiedlichen Nährstoffen auf den Teller zu zaubern. Wissen Sie, jedes Gemüse hat seine individuellen Zauberkräfte und eine Mischung aus verschiedenen Gemüsesorten potenziert die positiven Wirkungen auf unseren Körper.

Gemüse sind in einer modernen Ernährung die neuen Sättigungsbeilagen. Sie werden schnell merken, dass die klassischen Beilagen bei mir verschwunden sind und wenn, dann setze ich gerne auf Hülsenfrüchte, die mehr positive Eigenschaften haben als Weizen, Reis und Co. Lassen Sie sich doch entspannt darauf ein. Sollten Sie gemüsekritische Esser am Tisch haben, dann einfach nicht immer gleich erzählen, was da genau auf dem Teller liegt. Der Gaumen soll entscheiden, und da haben Sie mit meinen Rezepten jede Menge überzeugender Schlemmerargumente!

Lassen Sie uns nun gemeinsam der herrlichen Gemüsevielfalt huldigen und uns an buntem Gemüse genussvoll satt essen. Ich wünsche Ihnen einen allzeit guten Gemüsehunger!

Ihre
Bettina Meiselbach

Mehr Gemüse in aller Munde

Das Thema Ernährung wird seit Jahren kontrovers diskutiert und so manche unterschiedlichen Ansichten, was denn nun »gesunde« Lebensmittel sind, werden mit fast religiösem Eifer ausgefochten. Doch schaue ich mir die unterschiedlichen Empfehlungen an, dann gibt es in Sachen Ernährung im Prinzip einen gemeinsamen Nenner und der lautet: Iss mehr Gemüse!!!

Egal ob vegetarisch, mediterran, kohlenhydrat- oder fettreduziert, ja selbst die Deutsche Gesellschaft für Ernährung empfiehlt den Deutschen deutlich mehr Gemüse zu essen. Also gut, dann lassen Sie uns das doch gemeinsam machen. Und egal, welche Ernährungsform Sie in Ihrem Alltag umsetzen, Sie werden bei meinen 88 Rezepten eine Vielzahl von Ideen finden, die Sie begeistern werden.

WIE VIEL GEMÜSE IST DENN NUN GENUG GEMÜSE?

Erst einmal gibt es gute Neuigkeiten, denn der Gemüseverzehr der Deutschen hat in den vergangenen Jahren zugenommen. Es mag an einem stärkeren Bewusstsein für gesunde Ernährung liegen, oder an dem Trend, dass immer mehr Menschen weniger Fleisch verzehren und mehr Gemüse nun den Teller füllt. In den Jahren 2019/2020 hat der durchschnittliche Deutsche 105,6 Kilogramm Gemüse gefuttert, was immerhin 290 Gramm pro Tag entspricht (Quelle: https://de.statista.com/). Schon ganz gut, aber da geht noch mehr.

Schauen wir also auf die Deutsche Gesellschaft für Ernährung, die empfiehlt, täglich mindestens 5 Portionen Gemüse und Obst zu verzehren. Das entspricht 400 Gramm Gemüse und 250 Gramm Obst. Jetzt kann man unterschiedlicher Meinung sein, ob so viel Obst jeden Tag wegen der Fruchtzuckerzufuhr wirklich so günstig ist, aber die 400 Gramm Gemüse sind schon eine Ansage, die erst mal umgesetzt werden will.

Lassen Sie mich noch von einer Studie aus Norwegen berichten, in der ein Team ermittelt hat, wie sich eine Ernährungsumstellung auf die Lebenserwartung auswirkt. Nach Aussage der Forscher in Bergen/Norwegen führt eine optimierte Ernährung zu einem deutlichen Gewinn an Lebenszeit. Jetzt bin ich keine Verfechterin, zu einem Ernährungsfreak zu werden, aber die Erkenntnisse, an welchen Stellschrauben gedreht werden sollten, sind spannend. Hülsenfrüchte, Gemüse, Obst, Fisch, Nüsse und Vollkorn sollten mehr verzehrt werden und andere Lebensmittel wie Milchprodukte, Fleisch, Eier und Co, sollten mengenmäßig eine kleinere Rolle auf dem Teller spielen. Wobei selbst bei Milchprodukten eine Menge von 200 Gramm pro Tag benannt wird, niemand will einem da also Käse, Joghurt und Co madig machen. Nur beim roten Fleisch, dem Zucker und bei Wurstwaren steht die Ampel auf Rot, also bei 0 Gramm pro Tag. Ich will da nicht päpstlicher sein als der Papst, denn wie ich schon im Vorwort geschrieben habe, kommt es sicher nicht nur darauf an, wie viel von was gegessen wird, sondern es geht um die passende Kombination der Lebensmittel und den persönlichen Lebensstil. Da macht es eben einen Unterschied, ob Sie als Couch-Potato einen Burger mit hellem Brötchen und Pommes futtern, oder sich als sportlicher Flummi ein Burger-Patty braten, und dazu einen großen Salat oder buntes Röstgemüse verzehren.

Als Ergebnis der norwegischen Studie liegt die Empfehlung übrigens ebenfalls bei einer Gemüsezufuhr von 400 Gramm pro Tag. Lassen Sie es uns angehen, denn es ist allerhöchste Zeit für den Versuch, unsere Lebenserwartung mit einer genussvollen Gemüseküche zu verlängern.

FÜNF GUTE GRÜNDE FÜR MEHR GEMÜSE AUF DEM TELLER

Hier präsentiere ich Ihnen ein paar knackige Punkte, weshalb Gemüse ab sofort Ihr Favorit werden wird:

1. Die Nährstoffdichte von Gemüse im Verhältnis zum Kaloriengehalt pro 100 g ist sensationell hoch. Gemüse ist reich an verschiedenen Vitaminen, Mineralstoffen, Spurenelementen, sekundären Pflanzenstoffen und Ballaststoffen.
2. Gemüse ist gemessen am mengenmäßigen Volumen extrem kalorienarm und damit ein guter Magenfüller mit wenig Kalorien. Durch die geringe Energiedichte ist Gemüse ein perfekter Partner auf dem Teller für andere sehr nährstoffreiche Lebensmittel (Hülsenfrüchte, Nüsse, Fisch, Fleisch, Milchprodukte), die jedoch kaloriendichter sind.
3. Gemüse ist essbarer Gesundheitsschutz. Buntes Gemüse enthält eine Vielzahl von sekundären Pflanzenstoffen wie Flavonoide und Carotinoide, die Ihre Zellen schützen und Entzündungen hemmen. Durch diese Inhaltsstoffe schützt Gemüse vor einer

Vielzahl von Krankheiten. Die im Gemüse enthaltenen Ballaststoffe wirken sich positiv auf die Darmgesundheit aus und sind beste Freunde Ihres Mikrobioms, also Ihrer freundlichen Darmbakterien.

4. Gemüse ist wie Trinken mit Messer und Gabel, denn Gemüse hat durchgängig einen hohen Wasseranteil. Dieses kalorienfreie Volumen füllt nicht nur wunderbar sättigend den Bauch, sondern verbessert auch unsere Flüssigkeitszufuhr.

5. Gemüse bedeutet Genuss und Abwechslung auf dem Teller und damit Lebensfreude und Lebensqualität.

ESSEN IST LEBEN

Jetzt wollte ich eigentlich nicht zu sehr auf das Thema gesunde Ernährung eingehen, aber irgendwie komme ich doch nicht drumherum. Kein Wunder, denn Essen soll natürlich Freude machen und Genuss bringen, aber es ist eben viel mehr als nur Spaß und kraftvoller Energielieferant.

Um zu existieren brauchen Sie täglich Energie. Diese Energie nehmen Sie mit Hilfe der Nahrung in Form von Kilokalorien zu sich. Übertreiben Sie das, werden Sie dicker und verbrauchen Sie mehr Energie, als Sie sich zuführen, schmelzen die Fettzellen und der Köper bedient sich aus den Reserven. Das ist einfach und logisch und funktioniert schon immer gleich.

Lebensmittel verfügen aber nicht nur über die klassischen Nährwerte, also die enthaltene Kalorien-Energie und die zugehörige Aufteilung in die Makronährstoffe Eiweiß, Fett und Kohlenhydrate. Nein, Lebensmittel bestehen aus einer Vielzahl von Mikronährstoffen (Vitamine, Mineralstoffe, Spurenelemente, sekundäre Pflanzenstoffe, Ballaststoffe etc.) und unterscheiden sich beim Nährstoffgehalt dabei sehr deutlich. Verschiedene Lebensmittelgruppen haben individuelle Stärken und aus all den kleinen Puzzleteilen in den verschiedenen Lebensmitteln, wird erst bei vollständiger und ausreichender Zufuhr aller notwendigen Nährstoffe ein gut funktionierender Organismus. Es gibt dabei kein Lebensmittel, was auf Dauer alleine als Zufuhr taugen würde, weil es alle Bedürfnisse unseres Körpers erfüllt. Nicht mal die tollen Gemüsehelden, die ich hier im Buch präsentiere, schaffen das.

Wir Menschen sind einfach sensationell, denn wir bestehen aus 70 Billionen Zellen. Wahrlich kein plumper Zellhaufen, denn all diese Zellen hängen voneinander ab, sie beeinflussen sich gegenseitig, sie kommunizieren miteinander, sie müssen regelmäßig erneuert werden. Da wird recycelt, neu gebaut, methyliert und entgiftet, und all das passiert genau jetzt, während Sie diese Worte lesen. Ja, Ihr Organismus vollbringt ständig Höchstleistungen, die unsere Vorstellungskraft weit übersteigen.

All das, was da so unbemerkt in uns passiert, läuft nicht alleine mit Kalorien-Energie. Nein, damit unser Organismus funktioniert, braucht es all die wichtigen Nährstoffe in einer ausreichenden Menge und einem ausgewogenen Verhältnis, um gesund zu bleiben und damit alt zu werden. Lücken oder Missverhältnisse bei der Nährstoffzufuhr führen früher oder später zu körperlichen oder geistigen Störungen und irgendwann meldet sich der Körper mit einem Hilfeschrei. Wenn Sie also wollen, dass Ihr Körper lange und möglichst störungsfrei Ihr Leben schöner macht, dann achten Sie darauf, mit welchen Lebensmitteln Sie dies unterstützen können. Streichen Sie keine nährstoffreichen Lebensmittel dauerhaft vom Speiseplan, ohne sich über die Konsequenzen und eine eventuelle Supplementierung wegfallender Nährstoffe Gedanken zu machen.

MEHR PLATZ AUF DEM TELLER FÜR GEMÜSE

Da Gemüse überaus nährstoffreich ist, tun wir gut daran dem Gemüse einen großen Platz auf dem Teller freizuhalten. Also warum mit nährstoffarmen Bestandteilen den Teller füllen, wenn wir uns mit Gemüse viel mehr Gutes tun und es dazu auch noch besser schmeckt? Auf diesem Weg bekommen Sie die Ernährung, die Ihr Körper braucht und verdient hat und Sie dürfen sich über eine Schlemmerküche freuen, auf die Sie in Zukunft nicht mehr verzichten wollen.

Es darf übrigens ruhig auch mehr als 400 Gramm Gemüse am Tag sein. Zu viel Gemüse gibt es nicht und Sie haben von mir die Freigabe, in einem wilden Mix Gemüse in rauen Mengen zu essen. Wann werden Sie schon mal zur Völlerei aufgerufen? Ich tue es hiermit und rufe Ihnen zu: Essen Sie mehr Blumenkohl, Karotten, Tomaten, Kürbis und Zwiebeln! Schöpfen Sie aus, was die Natur uns bietet und vielleicht entdecken Sie ja sogar das Gärtnern für sich und bauen Ihre eigenen Favoriten an. Das macht Spaß, hält gesund und selbst geerntet schmeckt immer noch besser. So lassen sich prima Kinder an die Gemüseküche heranführen und Senioren bleiben rüstig, wenn in hohem Alter noch körperliche Aufgaben erfüllt werden.

Im nächsten Kapitel will ich Ihnen nun im Kurzprofil die Hauptdarsteller des Buches vorstellen. Da bekommen Sie einen kleinen Eindruck, welche Nährstoffbomben später auf dem Teller erscheinen und in Ihrem Bauch verschwinden. So macht das Schlemmen dann doppelt Freude.

Vergessen Sie alle Vorurteile, falls Sie denken, Auberginen wären gummiartig, Blumenkohl schmecke langweilig, Karotten ließen lange Ohren wachsen, Tomaten wären nur etwas für Italiener, Süßkartoffeln seien zu süß oder Zwiebeln wären kein Gemüse, sondern ein gemeiner Darmwindaktivator. Ich beweise Ihnen das Gegenteil und freue mich, wenn ich Sie überzeugen kann.

Meine 11 Gemüsehelden mit Zauberkraft

Jetzt wird es gleich magisch, denn nun kommen die 11 Gemüsesorten, die Sie in den Rezepten des Buches verzaubern werden. Neben all den anderen Gemüsesorten, die ich noch diskret untergemogelt habe, denn ein Gemüse kommt selten alleine. Mit dem Wissen, was das ganze Gemüse für Sie an Zauberkraft bereithält, schmeckt es gleich nochmal so gut. Da lässt sich dann auch die leidige Schnippelei gut ertragen, wenn am Ende eine gesunde Schlemmerküche als Belohnung winkt.

Auberginen

Botanisch gesehen eigentlich eine Beere, hat das im mediterranen Raum beliebte Gemüse auch bei uns inzwischen seinen festen Platz auf dem Teller. Roh kann die Aubergine nicht verzehrt werden, aber gebacken und gebraten ist das Gemüse ein Hochgenuss. Wenig Kalorien, viel Wasser und für ein Gemüse überdurchschnittlich viele Ballaststoffe machen die Aubergine so interessant. Die in der Aubergine enthaltenen Bitterstoffe sind gut für die Gelenke und wirken entzündungshemmend. Die lilafarbene Schale ist besonders reich an sekundären Pflanzenstoffen, den Anthocyanen, die unsere Zellen vor Angriffen durch freie Radikale schützen und auf dem Weg unsere Gefäße elastisch halten und vor Herz-Kreislauf-Erkrankungen schützen. Aber es kommt noch besser, denn Auberginen sind reich an Vitamin A, B und C. Außerdem enthalten sie wichtige Mineralstoffe wie Kalzium, Magnesium, Kalium, Kupfer, Mangan, Phosphat und Zink. Wer bis heute dachte, Auberginen sind doof, sollte dem gesunden Gemüse jetzt eine neue Chance geben.

Blumenkohl

Eins meiner Lieblingsgemüse, was ich wegen des Aussehens auch gerne Wuschelgemüse nenne. Im Blumenkohl finden sich zahlreiche Mineralstoffe sowie B-Vitamine und Vitamin C. Daneben enthält Blumenkohl auch reichlich Vitamin K, was für die Blutgerinnung wichtig ist und dazu eine Rolle im Knochenstoffwechsel spielt. Besonders will ich auf die Entgiftungskapazität des Blumenkohls hinweisen. Denn Blumenkohl enthält Sulforaphan und Indol-3-Carbinol, was in der Phase 2 unserer Entgiftung den Abbau toxischer Stoffe unterstützt. Gerade Menschen mit genetisch bedingten Entgiftungsdefiziten profitieren von Kohlgemüse ganz besonders. Da braucht es keine überteuerten Detox-Kuren, sondern essen Sie lieber das ganze Jahr über regelmäßig Kohlgemüse.

Karotten/Möhren

Was für ein tolles Gemüse und doch häufig im Kopf als Babybrei und langweilig eingestuft. Aber zumindest das Klischee mit den Augen stimmt, denn Karotten wirken dem Verlust der Sehkraft entgegen. Warum das so ist? In Karotten steckt jede Menge Beta-Carotin, aus dem unser Körper im Darm Vitamin A bildet. Dieses Vitamin A benötigt die Netzhaut unseres Auges, um hell und dunkel sehen zu können. Übrigens kann dieses zellschützende Carotin vom Körper nur in Verbindung mit etwas Fett aufgenommen werden, also bringen Karotten alleine keinen Durchblick. Aber lecker im Gericht mit Olivenöl, Käse oder etwas fetthaltigem Fleisch, fluppt die Verarbeitung. Karotten besser gekocht genießen, denn durch die Hitze werden die Zellwände der Möhren aufgebrochen, wodurch sie leichter bekömmlich werden und der Körper kann die Vitamine besser aufnehmen. Karotten oder Möhren? Egal, Sie wissen, was ich meine.

Kohlrabi

Der deutsche Klassiker, der besonders in Mitteleuropa verbreitet ist. Ein wunderbares Kohlgemüse, was mild, etwas süß und leicht nach Senfölen schmeckt. Ein Renner auch bei Kindern und ein Gemüse, das sich sehr gut roh verzehren lässt. Die Kohlrabiknolle ist reich an den Vitaminen Niacin (B3) und Folsäure (Folat). Folsäure ist ein sehr hitzeempfindliches Vitamin, weshalb ich immer, wenn ich Kohlrabi für die warme Küche vorbereite, beim Schnippeln eine Portion aus der Hand nasche. Des Weiteren enthält Kohlrabi die Mineralstoffe Kalium, Kalzium, Magnesium und Eisen. Der Kohlrabi hat mit seinen Senfölen (Glucosinolate) viele positive Einflüsse auf die Gesundheit. Denn die Senfölglykoside stimulieren das Immunsystem, wirken antibiotisch, antioxidativ und verringern unter Umständen das Risiko für bestimmte Krebskrankheiten.

Kürbis

Wieder eine Beere, und was für eine. Wenn der Sommer schwindet, verschönert die Kürbiszeit den goldenen Herbst und uns steht mit dem Kürbis ein Supergemüse zu Verfügung, in der die geballte Sonnenkraft des Sommers steckt. Die Farbe verrät es schon, denn das Kürbisfleisch enthält viel Beta-Carotin (die Vorstufe des Vitamin A), Magnesium, Kalzium und ganz besonders viel Kalium. Auch der Ballaststoffanteil ist außergewöhnlich hoch und Kürbis wirkt damit aktivierend auf unsere Verdauung. Je nach Sorte ist der Kalorien- und auch Kohlenhydratgehalt sehr unterschiedlich. Aber gesund sind alle Sorten gleichermaßen und seien Sie sicher, Kürbis macht nicht kürbisrund, sondern viel mehr kürbisgesund.

Paprika

Oha, ein Nachtschattengewächs und trotzdem am Ende bunt. Denn, wenn Sie schon immer wissen wollten, warum Paprika unterschiedliche Farben besitzt, dann sei Ihnen nun erklärt, dass die Farbe sich während der Reife verändert. Von Grün über Gelb, nach Orange bis hin zu Rot. Dabei werden die Paprikaschoten immer süßer und der Vitamin-C-Gehalt steigt. Bereits 25 g rote Paprika decken den Bedarf an Vitamin C am Tag. Durch das Vitamin C ist die Paprika ein echtes Beauty-Gemüse, denn die reichlich vorhandenen Antioxidantien, das Vitamin C und wieder mal Beta-Carotin, sind kleine Jungbrunnen, die die Faltenbildung verzögern, indem sie im Körper freie Radikale bekämpfen. Außerdem unterstützen die tollen Inhaltsstoffe die Produktion von Kollagen und halten so die Haut jung und straff.

Spargel

Das schönste Frühlingsgemüse überhaupt. Wenn der Spargel sprießt, erwacht die Natur aus der Ruhephase und auch der Mensch kommt nach dem Winter wieder in Schwung. Spargel ist nicht nur lecker, er ist dazu überaus gesund. Extrem kalorienarm mit einem hohen Wasseranteil, kann man sich so richtig hüftschonend durch die Rezepte schlemmen. Dabei enthält Spargel viele Ballaststoffe, darunter das Inulin, was als Präbiotikum fungiert und unseren guten Darmbakterien als Nahrung dient. Spargel verwöhnt Ihren Körper mit Vitamin C, Vitamin E, Vitamin B1, B2 und Niacin, Folsäure, Phosphor, Kalium, Magnesium, Eisen und einer großen Menge an entgiftendem Glutathion. Man sagt dieser potenten Nährstoffmischung auch aphrodisierende Eigenschaften nach, aber das probieren Sie bitte selber aus.

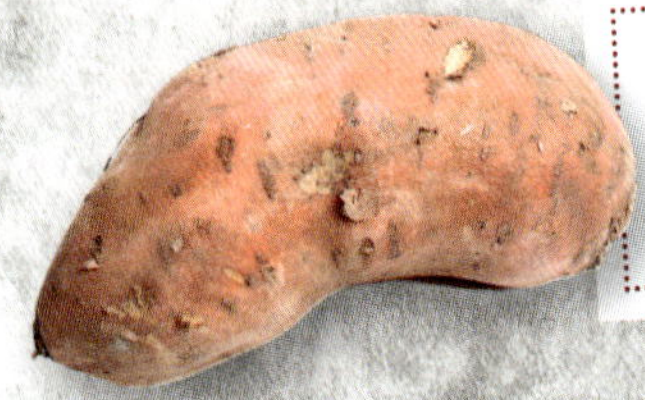

Süßkartoffeln

Nicht alles, was da in Sachen Foodtrends aus den USA über den Teich herüberschwappt, ist Murks, so auch die Süßkartoffeln. Das gesunde Gemüse stammt ursprünglich aus Südamerika und fand bereits im Laufe des 16. Jahrhunderts den Weg nach Europa. Bei uns ist die Süßkartoffel seit einigen Jahren total angesagt und wird auch wieder verstärkt in Europa und Deutschland angebaut. Die Powerknolle Süßkartoffel ist wirklich ein wahnsinniges Nährstoffpaket und ich kann den Hype um die leckere und gesunde Knolle, die nur sehr entfernt mit unserer Kartoffel verwandt ist, nachvollziehen. Süßkartoffeln punkten mit Beta-Carotin, Vitamin C, Vitamin E, Folsäure, Zink, Kalium, Magnesium. Trotz eines hohen Kohlenhydratanteils hat die Süßkartoffel einen im Vergleich zur Kartoffel niedrigeren Glykämischen Index, also der Blutzucker schießt weniger stark in die Höhe. Das liegt zum einen an den enthaltenen Ballaststoffen und zum anderen an dem sekundäre Pflanzenstoff Caiapo, der den Blutzuckerspiegel reguliert. Interessant und gesund auch für Diabetiker!

Tomaten

Ich liebe Tomaten! Der Pro-Kopf-Konsum an Tomaten in Deutschland betrug im Jahr 2019/2020 schlappe 28,2 Kilogramm. Aus gutem Grund, denn Tomaten haben das volle Vitaminprogramm: Biotin, B3, Vitamin C, Folsäure, Vitamin E, Kalium und Zink. Ein totaler Jungbrunnen diese Tomaten! In den Genuss der Vitamine kommen Sie ganz besonders, wenn Sie die Tomaten frisch verzehren. Es kommt noch besser: Der wichtigste Stoff in der Tomate ist der rote Farbstoff, das Bioflavonoid Lycopin, aus der Gruppe der Carotinoide. Lycopin ist einer der effektivsten Radikalfänger, die es gibt und schützt unseren Körper vor Umweltschadstoffen und körpereigenem Stoffwechselabfall. Dabei ist Lycopin so stark, dass es sogar bereits vorhandene Zellschäden reparieren kann. Das Lycopin der Tomaten funktioniert aber nur, wenn die Tomaten erhitzt werden, denn beim Aufplatzen der Tomatenzellen wird das Lycopin erst freigesetzt und biologisch verfügbar. Dazu braucht es wie beim Beta-Carotin ebenfalls etwas Fett, um vom Körper aufgenommen zu werden. Ein Hoch auf Dosentomaten, Tomatenmark, zuckerfreien Ketchup und bitte nicht das gute Olivenöl dazu vergessen.

Zucchini

Eine echte Alleskönnerin aus dem eigenen Garten. Zucchini gibt es das ganze Jahr über zu kaufen. Aber den Höhepunkt hat die Ernte im Sommer, wenn die Masse an Zucchini im eigenen Garten einer Zucchinischwemme gleicht. Zucchini ist übrigens ein Sommerkürbis und gehört botanisch zur gleichen Familie. Ein tolles Gemüse, das wegen des zurückhaltenden Geschmacks viele Fans hat. Zucchini ist wandelbar und passt sich flexibel an. Kalorienarm und reich an Wasser ist Zucchini echte Sommerkost für heiße Tage, ohne den Stoffwechsel zu belasten. Dabei punktet das Gemüse mit dem enthaltenen Beta-Carotin, B-Vitaminen, Vitamin C, Kalium, Magnesium, Kalzium und Eisen.

Zwiebeln

So unscheinbar und häufig übersehen, gehören Zwiebeln zu den beliebtesten hiesigen Gemüsesorten. Ob groß oder klein, ob weiß, gelb oder rot. Alle Zwiebelsorten sind gesund. Vitalstoffe gibt es reichlich in Form von Vitamin C, Vitamin B6, Biotin, Kalium, Kalzium und Magnesium. Des Weiteren findet sich in der Zwiebel Schwefel, der beim Schneiden die Augen tränen lässt. Die enthaltenen Schwefelverbindungen fördern eine gesunde Darmflora, unterstützen die Leber und wirken entgiftend. Außerdem verfügt die Zwiebel über einen großen Anteil an Inulin, was als Präbiotikum den guten Darmbakterien als Futter dient und sich positiv auf die Darmgesundheit auswirkt. Rote Zwiebeln sind übrigens besonders gesund, denn die haben doppelt so viele Antioxidantien im Vergleich zu ihren hellen Schwestern.

Gemüse-Saisonkalender – Wann gibt es was?

Heimisches Gemüse steht hoch im Kurs. Die Gründe dafür sind vielfältig. Regionales Gemüse ist besonders vitaminreich, denn es wird in der Regel nur kurz gelagert und dadurch schön knackig frisch abverkauft. Auch enthält regionales Gemüse meist weniger Pestizide, da die Vorschriften strenger sind als in manch anderen Teilen der Welt. Das Gemüse hiesiger Erzeugung schmeckt voll ausgereift geerntet aromatischer als Importware, die häufig auf dem langen Weg ohne Sonne nachreifen muss.

FRÜHLING

Bärlauch
Brokkoli
Frühlingszwiebeln
Mairübchen
Radieschen
Spargel

Das junge Gemüse erwacht langsam aus dem Dämmerschlaf.

SOMMER

Artischocken
Auberginen
Blumenkohl
Bohnen
Erbsen
Fenchel
Gurken
Karotten/Möhren
Kohlrabi
Lauch
Mangold
Paprika
Romanesco
Sellerie
Spinat
Spitzkohl
Tomaten
Zucchini

Jetzt wird so richtig geerntet und geschwelgt.

Heimatgemüse punktet dazu durch die kurzen Lieferwege mit einer klimafreundlicheren Bilanz.

Mein Gemüse-Saisonkalender markiert die jeweiligen Höhepunkte der hiesigen Ernte, aber fast alle Gemüsesorten sind durch unterschiedliche Sorten jahreszeitüberlappend erhältlich. Und wem die Saisonware dann doch mal aus den Ohren rauskommt und wenn etwas mehr Abwechslung gewünscht wird, dann gibt es im Supermarkt fast alle Gemüsesorten das ganze Jahr über in ordentlicher Qualität. Gewächshäuser und Importgemüse aus aller Welt machen das möglich und jeder Mensch kann für sich entscheiden, in welchem Umfang er dieses tolle Angebot nutzen möchte.

Gemüserezepte für jeden Tag

WICHTIGE INFORMATIONEN:

Die Anzahl der Portionen variieren von Rezept zu Rezept. Die genauen Angaben finden Sie beim jeweiligen Rezept. Natürlich können Sie die Mengen erhöhen und reduzieren, wenn mehr oder weniger Esser am Tisch sitzen.

Beim Einkauf und Zubereitung beachten:
Bei den Gemüsemengen handelt es sich bei den Grammangaben immer um bereits geputzte, geschälte und kochfertig vorbereitete Mengen. Kaufen Sie je nach Produkt immer etwas mehr und größer ein, damit nach der Vorbereitung in etwa die korrekte Menge zur Verfügung steht. Bei Stückware steht immer die ungefähre Größe dabei, also ob das Gemüse klein, mittelgroß oder groß sein soll. Beim Zuckerersatz können Sie gut zu Xylit/Birkenzucker oder einer Erythrit-Stevia-Mischung greifen. Bei einigen meiner Rezepte im Buch verwende ich Haferkleie oder Flohsamenschalen. Beides sind ballaststoffreiche und sehr gesunde Lebensmittel. Alle «Spezialzutaten» erhalten Sie im gut sortierten Supermarkt, Bioladen oder auch im Drogeriemarkt.

Folgende Abkürzungen werden in den Rezepten verwendet:
TL – Teelöffel
EL – Esslöffel
Msp. – Messerspitze
ml – Milliliter
g – Gramm
kg – Kilogramm
l – Liter

Information zu den Nährwertangaben:
Bitte berücksichtigen Sie, dass die Nährwerte auf Basis der von mir im Rezept tatsächlich verwendeten Produkte berechnet wurden. Abweichungen und Fehler sind trotz aller Sorgfalt nicht ausgeschlossen.

Aubergine Tonnato

Nährwerte pro Portion:
Kilokalorien: 558, Fett: 45,0 g, Kohlenhydrate: 12,6 g, Eiweiß: 23,6 g

ZUTATEN FÜR 2 PORTIONEN

700 g Auberginen, längs in 0,5 – 1 cm dicke Scheiben geschnitten
3–4 EL Olivenöl
Salz und Pfeffer

Für die Tonnato-Soße:
120 g Thunfisch in Lake, aus der Dose, gut abgetropft
1 Sardelle, aus dem Glas, fein gehackt
150 g Saure Sahne, 10 % Fett
40 g Mayonnaise
1 TL Limettensaft, frisch gepresst
½ TL mittelscharfer Senf
½ TL Zuckerersatz
2 TL Kapern, aus dem Glas, fein gehackt
Salz und Pfeffer

ZUBEREITUNG

Den Backofen auf 185 °C Umluft vorheizen.

Die Auberginenscheiben auf zwei mit Backpapier belegte Bleche legen und dann mit dem Olivenöl bepinseln. Für 25 Minuten im Ofen backen und anschließend abkühlen lassen. Wenn die Auberginen auf dem unteren Blech keine Farbe bekommen haben in den 25 Minuten, dann das Blech alleine für weitere 5 Minuten backen. Die gebackenen Auberginenscheiben mit Salz und Pfeffer würzen.

Die Zutaten für die Soße bis einschließlich dem Zuckerersatz in einen Behälter geben und alles fein pürieren. Dann noch die fein gehackten Kapern unterrühren und die Soße mit Salz und Pfeffer abschmecken.

Nun die abgekühlten Auberginenscheiben auf 2 Tellern anrichten und die Thunfisch-Kapersoße darauf verteilen.

TIPP

Wer keine Auberginen mag, nimmt Zucchinischeiben, die, genau wie die Auberginen, auch gut in einer Grillpfanne gebraten werden können.

Linsenpasta Dolce Vita

Nährwerte pro Portion:
Kilokalorien: 523, Fett: 24,6 g, Kohlenhydrate: 44,4 g, Eiweiß: 25,2 g

ZUTATEN FÜR 4 PORTIONEN

250 g Rote-Linsen-Spirelli

Für das Ofengemüse:
250 g Aubergine, in mundgerechte Stücke geschnitten
250 g Zucchini, ohne Kerne, in Rauten geschnitten
150 g rote Paprika, in mundgerechte Stücke geschnitten
150 g orangene Paprika, in mundgerechte Stücke geschnitten
3 EL Olivenöl
Salz und Pfeffer

Für die Dolce-Vita-Soße:
1 EL Olivenöl
75 g rote Zwiebel, gehackt
2 Knoblauchzehen, fein gehackt
250 g Kirschtomaten, geviertelt
50 g doppelt konzentr. Tomatenmark
1 EL dunkler Balsamico-Essig
2 TL Oregano, frisch oder getrocknet
1 TL Thymian, frisch oder getrocknet
75 g Frischkäse
2 EL Gemüsebrühe
50 g Parmesan, fein gerieben
Salz und Pfeffer

ZUBEREITUNG

Den Backofen auf 180 °C Umluft vorheizen. Die Linsennudeln nach Packungsangabe kochen und dann in einem Küchensieb abgießen.

Das komplette Ofengemüse mit drei Esslöffeln Olivenöl und Salz und Pfeffer in einer großen Ofenform mischen und anschließend für 25 Minuten im Ofen backen.

In einem großen Topf einen Esslöffel Olivenöl erhitzen und darin die Zwiebelwürfel glasig anbraten. Anschließend die gehackten Knoblauchzehen zufügen und diese kurz mit den Zwiebelwürfeln anrösten. Dann die geviertelten Kirschtomaten untermischen und alles gemeinsam für 4–5 Minuten braten. Nun das Tomatenmark, den Balsamico-Essig und die mediterranen Kräuter zufügen und den Topfinhalt gut verrühren. Als nächsten Schritt den Frischkäse und die beiden Esslöffel Gemüsebrühe unterrühren, bis sich alles schön cremig verbunden hat.

Zum Schluss die gekochten Linsennudeln und das fertig geröstete Ofengemüse unter die Tomatensoße mischen. Dann noch den geriebenen Parmesan unterheben und das fertige Gericht mit Salz und Pfeffer abschmecken.

TIPP

Statt Rote-Linsen-Spirelli können Sie auch gerne auf Kichererbsennudeln zugreifen oder sich für Ihre Lieblingspasta entscheiden.

Auberginen-Thymian-Gulasch mit geröstetem Butter-Blumenkohlreis

Nährwerte pro Portion:
Kilokalorien: 515, Fett: 36,4 g, Kohlenhydrate: 15,1 g, Eiweiß: 35,7 g

ZUTATEN FÜR 4 PORTIONEN

Für das Gulasch:
800 g Auberginen, in mundgerechte Würfel geschnitten
4 EL Olivenöl
500 g Putengulasch, aus der Keule geschnitten
85 g rote Zwiebel, gehackt
1 EL doppelt konzentriertes Tomatenmark
300 ml Gemüsebrühe
2 TL helle Sojasoße
75 g Frischkäse
1 EL Thymian, frisch oder getrocknet
Salz und Pfeffer

Für den Reis:
850 g Blumenkohl, grob geraspelt
50 g Butter
Salz und Pfeffer

ZUBEREITUNG

Den Backofen auf 180 °C Umluft vorheizen.

Einen Topf erhitzen und drei Esslöffel Olivenöl hineingeben. Dann die Auberginenstücke für 4–5 Minuten braten. Danach die Auberginenstücke aus dem Topf nehmen und diese in eine große Ofenform füllen.

Einen Esslöffel Olivenöl in den heißen Topf geben und das Putengulaschfleisch darin für 3–4 Minuten anbraten. Dann noch die Zwiebelwürfel hinzufügen und diese gemeinsam mit dem Fleisch für 2–3 Minuten braten. Anschließend das Tomatenmark untermischen. Das Fleisch nun mit der Gemüsebrühe und der Sojasoße ablöschen, alles gut durchrühren und anschließend für 45–50 Minuten kochen lassen, bis das Gulasch weich ist.

In der Zwischenzeit den geraspelten Blumenkohl auf einem tiefen Backblech verteilen. Die Ofenform mit den Auberginenstücken auf den Backofenrost in den oberen Bereich des Backofens stellen und das Blech mit den Blumenkohlraspel darunter schieben. Beides für 25 Minuten rösten. Den Blumenkohl einmal zwischendurch mischen, damit die oberen Raspel nicht verbrennen. Wenn das Gemüse vor dem Gulasch fertig ist, dann im Backofen kurz warmhalten.

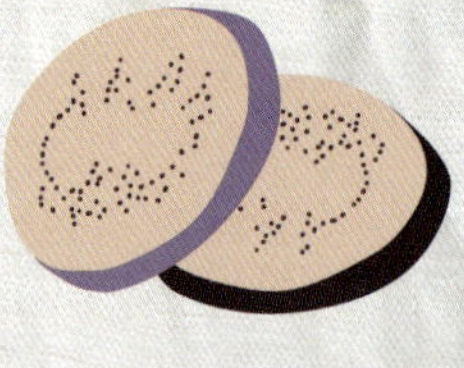

Wenn das Putengulasch fertig gekocht ist, dann den Frischkäse und den Thymian unterrühren und die gebackenen Auberginenstücke zurück in den Topf zum Fleisch geben. Das Auberginen-Thymian-Gulasch final noch mit Salz und Pfeffer abschmecken.

Anschließend den gerösteten Blumenkohl aus dem Ofen holen. Nun in dem heißen Blumenkohlreis die Butter verteilen. Den buttrigen Blumenkohlreis abschließend noch mit Salz und Pfeffer würzen.

Den Butter-Blumenkohlreis gemeinsam mit dem Auberginen-Thymian-Gulasch anrichten.

TIPP

Wenn Sie kein Putengulasch aus der Keule bekommen, dann steigen Sie doch um auf Schweinegulasch aus der Schulter.

Überbackene Bolognese-Auberginen

Nährwerte pro Portion:
Kilokalorien: 680, Fett: 42,8 g, Kohlenhydrate: 28,4 g, Eiweiß: 44,2

ZUTATEN FÜR 2 PORTIONEN

750 g Auberginen (2 große) längs halbiert und dann nochmal geviertelt eingeschnitten
1 EL Olivenöl

Für die Bolognese-Soße:
1 EL Olivenöl
85 g rote Zwiebel, gehackt
250 g mageres Rinderhackfleisch
1 Knoblauchzehe, fein gehackt
150 g rote Spitzpaprika, in kleine Würfel geschnitten
400 g geschälte Tomaten, aus der Dose, grob zerkleinert
1 EL dunkler Balsamico-Essig
1 EL doppelt konzentriertes Tomatenmark
1 EL gemischte getrocknete Kräuter wie Oregano, Thymian und Rosmarin
80 g mittelalter Gouda-Käse, grob gerieben
Salz und Pfeffer

ZUBEREITUNG

Den Backofen auf 185 °C Umluft vorheizen.

Die eingeschnittenen Auberginen aufklappen und mit einem Esslöffel Olivenöl bepinseln. Die aufgeklappten Auberginen in eine Ofenform legen und so für 25 Minuten backen.

In der Zwischenzeit einen Esslöffel Olivenöl in einem Topf erhitzen und die Zwiebelwürfel glasig andünsten. Das Hackfleisch hinzugeben und krümelig braten. Nun noch den Knoblauch und die Spitzpaprikawürfel unterrühren und kurz mitbraten.

Als Nächstes den Topfinhalt mit den geschälten Tomaten ablöschen und den Balsamico-Essig, das Tomatenmark und die mediterranen Kräuter untermischen. Die Bolognese-Soße für 15–20 Minuten ohne Topfdeckel köcheln lassen. Zum Schluss noch mit Salz und Pfeffer abschmecken.

Die gebackenen Auberginen nach den 25 Minuten aus dem Ofen holen und die Bolognese-Soße in die Ausbuchtung füllen. Nun noch mit dem geriebenen Gouda bestreuen und die Auberginen zurück in den Ofen stellen für weitere 15 Minuten.

TIPP

Freunde der fleischlosen Küche können hier prima einen vegetarischen Hackersatz verwenden.

Linsenspaghettiauflauf mit Auberginen

Nährwerte pro Portion:
Kilokalorien: 613, Fett: 31,3 g, Kohlenhydrate: 49,4 g, Eiweiß: 27,7 g

ZUTATEN FÜR 4 PORTIONEN

Für die gerösteten Auberginen:
1 kg Auberginen, in Würfel geschnitten
2 TL edelsüßes Paprikapulver
1 TL gemahlener Kreuzkümmel
1 TL Currypulver
4 EL Olivenöl
Salz und Pfeffer

Für die Tomatensoße:
1 EL Olivenöl
75 g rote Zwiebel, gehackt
2 Knoblauchzehen, fein gehackt
500 ml Gemüsesaft (fertig aus dem Supermarkt)
400 g gehackte Tomaten, aus der Dose
2 EL doppelt konzentriertes Tomatenmark
2 TL Oregano, frisch oder getrocknet
2 TL Zuckerersatz
1 EL heller Balsamico-Essig
50 g Kräuterfrischkäse
Salz und Pfeffer

Außerdem:
250 g Rote-Linsen-Spaghetti
80 g Manchego-Käse, grob gerieben

ZUBEREITUNG

Den Backofen auf 180 °C Umluft vorheizen.

Die Auberginenstücke mit den Gewürzen und dem Olivenöl mischen und auf ein mit Backpapier belegtes Blech legen. Mit Salz und Pfeffer bestreuen und dann für 25–30 Minuten im Ofen backen.

Während die Auberginenstücke im Ofen backen, in einem Topf einen Esslöffel Olivenöl erhitzen und die Zwiebelwürfel glasig anbraten. Dann noch die Knoblauchwürfel zufügen und kurz mitbraten.

Beides mit dem Gemüsesaft und den gehackten Dosentomaten ablöschen und dann noch das Tomatenmark, den Oregano, den Zuckerersatz und den hellen Balsamico-Essig unterrühren. Die Tomatensoße für 25 Minuten kochen lassen, dabei den Deckel schräg stellen, damit etwas Wasser verdampfen kann und die Tomatensoße einreduziert. Am Ende noch den Kräuterfrischkäse unterrühren und die Soße mit Salz und Pfeffer würzen.

Während die Soße kocht, die Linsenspaghetti nach Packungsangabe kochen und in einem Küchensieb abgießen.

Anschließend ⅓ der gekochten Spaghetti in eine Auflaufform füllen. Dann ⅓ der Tomatensoße auf den Spaghetti verteilen und darüber die Hälfte der Auberginenstücke geben. Danach wieder ⅓ Linsenspaghetti schichten und ⅓ der Tomatensoße und darauf den Rest der Auberginenstücke geben. Nun den Rest der Linsenspaghetti in die Form füllen und darüber den Rest der Tomatensoße verteilen. Zum Schluss den geriebenen Manchego-Käse auf der Tomatensoße verteilen und den Auflauf für 20 Minuten im Ofen überbacken.

TIPP

Die Form der Nudeln tut nichts zur Sache. Greifen Sie zu Penne oder Spirelli, nur bleiben Sie bei Hülsenfrucht-Nudeln, denn die bringen Eiweiß ins fleischlose Gericht.

Parmigiana di melanzane

Nährwerte pro Portion:
Kilokalorien: 595, Fett: 44,4 g, Kohlenhydrate: 19,4 g, Eiweiß: 26,1 g

ZUTATEN FÜR 4 PORTIONEN

1,2 kg Auberginen, längs in 1–1,5 cm dicke Scheiben geschnitten
6 EL Olivenöl
etwas Salz

Für die Tomatensoße:
1 EL Olivenöl
100 g rote Zwiebel, gehackt
3 Knoblauchzehen, fein gehackt
400 g gehackte Tomaten, aus der Dose
300 g Kirschtomaten, geviertelt
3 EL doppelt konzentriertes Tomatenmark
1 EL heller Balsamico-Essig
2 TL Zuckerersatz
2 EL gemischte getrocknete Kräuter wie Oregano, Thymian und Rosmarin
Salz und Pfeffer

Zum Überbacken:
250 g Mozzarella, in kleine Würfel geschnitten
100 g Parmesan, grob gerieben

ZUBEREITUNG

Den Backofen auf 185 °C Umluft vorheizen.

Die Auberginenscheiben auf 2 mit Backpapier belegte Bleche legen und dort die Oberseite mit Olivenöl bepinseln. Beide Bleche in den Backofen schieben und so für 25–30 Minuten braun backen. Falls das untere Blech keine Farbe bekommt, dann das obere Blech aus dem Ofen nehmen und das untere Blech für weitere 10 Minuten backen. Anschließend aus dem Ofen nehmen und die Auberginenscheiben mit Salz bestreuen.

Während die Auberginen im Ofen braten, einen Topf mit einem Esslöffel Olivenöl erwärmen. Die Zwiebelwürfel glasig dünsten und die Knoblauchwürfel zufügen. Mit den gehackten Dosentomaten und den frischen Kirschtomaten ablöschen und die Soße so für 10 Minuten kochen lassen. Nun das Tomatenmark, den Balsamico-Essig, den Zuckerersatz und die mediterranen Kräuter untermischen. Weitere 15 Minuten kochen lassen. Mit Salz und Pfeffer abschmecken.

In eine Auflaufform etwas von der Tomatensoße geben und die Auberginenscheiben fächerartig schichten. Dann die Tomatensoße auf die Auberginen geben und einen Teil vom Mozzarella und dem Parmesan. So schichten, bis die Auberginen aufgebraucht sind und der Auflauf mit Tomatensoße und Käse abschließt. Die Auflaufform mit Alufolie schützen. Anschließend für 40 Minuten im Ofen backen. Nach 30 Minuten die Folie entfernen und den Auflauf für die letzten 10 Minuten bräunen lassen.

TIPP

Mehr Italien geht nicht und die Aubergine liebt Tomate, Olivenöl und den Backofen. Pimpen Sie die Tomatensoße doch mal mit Dosenthunfisch, so bekommt der klassische Auflauf ein ganz neues Gewand.

Auberginen-Chili-Con-Carne-Auflauf

Nährwerte pro Portion:
Kilokalorien: 618, Fett: 40,4 g, Kohlenhydrate: 28,2 g, Eiweiß: 36,4 g

ZUTATEN FÜR 4 PORTIONEN

600 g Auberginen, in 1–2 cm große Würfel geschnitten
3 EL Olivenöl

Für das Chili und obendrauf:
1 EL Olivenöl
100 g rote Zwiebel, in Würfel geschnitten
1 Knoblauchzehe, fein gehackt
1–2 TL rote Currypaste
400 g mageres Rinderhackfleisch (alternativ vegetarischer Hackersatz)
300 g Zucchini, ohne Kerne, in Würfel geschnitten
300 g rote Spitzpaprika, in Würfel geschnitten
150 g Kirschtomaten, geviertelt
1 EL doppelt konzentriertes Tomatenmark
je 1 TL getrockneter Oregano und Thymian
½ TL gemahlener Kreuzkümmel
¼ TL Kakaopulver
1 TL Zuckerersatz
50 g Frischkäse
255 g Kidneybohnen, aus der Dose, abgespült und abgetropft
100 g Manchego-Käse, grob gerieben
Salz und Pfeffer

ZUBEREITUNG

Den Backofen auf 180 °C Umluft vorheizen.

Die Auberginenwürfel mit 3 Esslöffel Olivenöl mischen und dann auf einem Backblech verteilen. So für 25–30 Minuten im Ofen rösten.

In der Zwischenzeit in einem Topf einen Esslöffel Olivenöl erhitzen und die Zwiebelwürfel glasig anbraten. Den gehackten Knoblauch und die Currypaste zufügen und beides kurz anschwitzen. Dann das Hackfleisch zufügen und krümelig braten. Anschließend das ganze Gemüse (außer den Auberginen), das Tomatenmark und die Würzmittel, bis zum Zuckerersatz, untermischen. Alles zusammen für 6–7 Minuten braten und dabei mit Salz und Pfeffer würzen.

Danach den Frischkäse und die Kidneybohnen unter das Chili mischen. Zum Schluss noch die im Ofen vorgebackenen Auberginenwürfel unterheben und alles final mit Salz und Pfeffer abschmecken. Den Inhalt des Topfes in eine Auflaufform umfüllen und dort mit dem geriebenen Manchego-Käse bestreuen. Dann für 20 Minuten in den heißen Ofen stellen zum Überbacken.

TIPP

Sie finden keinen spanischen Manchego-Käse? Nicht schlimm, denn auch ein unkomplizierter Emmentaler macht sich prima auf dem würzigen Auflauf.

Auberginen-Linsennudelsalat mit Pesto-Frischkäsedressing

Nährwerte pro Portion:
Kilokalorien: 494, Fett: 23,6 g, Kohlenhydrate: 46,9 g, Eiweiß: 19,2 g

ZUTATEN FÜR 4 PORTIONEN

Für den Salat:
600 g Auberginen, in 1–2 cm große Würfel geschnitten
4 EL Olivenöl
2 TL edelsüßes Paprikapulver
½ TL Currypulver
½ TL gemahlener Kreuzkümmel
250 g Rote-Linsen-Spirelli
300 g Kirschtomaten, halbiert oder geviertelt
100 g Frühlingszwiebeln, in Ringe geschnitten

Für das Dressing:
50 g Frischkäse
50 g Tomaten-Pesto
1 EL heller Balsamico-Essig
1 TL Zuckerersatz
2 EL Wasser
Salz und Pfeffer

ZUBEREITUNG

Den Backofen auf 185 °C Umluft vorheizen.

Die Auberginenwürfel mit dem Olivenöl und den Gewürzen mischen und diese dann auf einem Backblech verteilt für 25–30 Minuten backen. Anschließend abkühlen lassen.

Die roten Linsennudeln nach Packungsvorgabe kochen. In einem Küchensieb abgießen und kalt abschrecken.

Alle Zutaten für den Salat in eine große Schüssel füllen und diese gut durchmischen.

Nun die Zutaten für das Salatdressing mit einem Schneebesen in einem Schälchen anrühren und dieses kräftig mit Salz und Pfeffer würzen. Das Dressing anschließend unter den vorbereiteten Salat heben.

TIPP

Kaufen Sie ein Pesto von guter Qualität, also mit wertvollem nativem Olivenöl und lassen Sie die Produkte mit Sonnenblumenöl stehen.

Blumenkohl-Krabbenpfanne

Nährwerte pro Portion:
Kilokalorien: 397, Fett: 20,6 g, Kohlenhydrate: 15,6 g, Eiweiß: 31,4 g

ZUTATEN FÜR 3 PORTIONEN

40 g Butter
85 g Zwiebel, in Würfel geschnitten
850 g Blumenkohl, grob geraspelt
150 g Karotten, gewürfelt
200 g Nordseekrabben
100 g Frühlingszwiebeln, in Ringe geschnitten
4 Eier, Größe L, zu Rührei verquirlt, mit Salz und Pfeffer gewürzt
Salz und Pfeffer

ZUBEREITUNG

In einer großen hohen Pfanne oder einem Topf die Butter erhitzen und darin die Zwiebelwürfel für 1–2 Minuten glasig dünsten. Dann den geraspelten Blumenkohl und die Karottenwürfel zufügen. Für 7–8 Minuten braten, bis das Gemüse bissfest ist.

Zum Schluss die Nordseekrabben und die Frühlingszwiebelringe untermischen. Das flüssige Rührei über der Pfanne verteilen und unter gelegentlichem Rühren 3–4 Minuten stocken lassen. Mit Salz und Pfeffer abschmecken.

TIPP

Statt der Nordseekrabben schmecken auch Katenschinkenwürfel prima in der Blumenkohlpfanne.

Puszta-Gemüse-Hacktopf

Nährwerte pro Portion:
Kilokalorien: 517, Fett: 27,0 g, Kohlenhydrate: 29,0 g, Eiweiß: 33,9 g

ZUTATEN FÜR 4 PORTIONEN

1 EL Olivenöl
400 g Geflügelhackfleisch (alternativ vegetarischer Hackersatz)
150 g rote Zwiebeln, gehackt
750 g Blumenkohl, grob geraspelt
500 g Paprika, bunt (rot-gelb-grün) in 1–2 cm große Stücke geschnitten
400 g gehackte Tomaten, aus der Dose
500 ml Gemüsesaft (fertig aus dem Supermarkt)
500 ml Hühnerbrühe (Hühnerfond oder Geflügel-Knochenbrühe)
2 TL edelsüßes Paprikapulver
2 TL rosenscharfes Paprikapulver
2 TL mittelscharfer Senf
1 TL Zuckerersatz
150 g Kräuterfrischkäse
50 g Cheddar-Käse, gerieben
190 g Puszta-Salat, aus dem Glas (Abtropfgewicht)
½ TL Johannisbrotkernmehl
Salz und Pfeffer

ZUBEREITUNG

In einem großen Suppentopf einen Esslöffel Olivenöl erhitzen und das Geflügelhackfleisch krümelig anbraten. Dann die Zwiebelwürfel hinzufügen und diese mit dem Fleisch gemeinsam für 2–3 Minuten braten. Als Nächstes den geraspelten Blumenkohl und die Paprikastücke untermischen und alles gemeinsam für 3–4 Minuten unter Rühren braten.

Die Gemüse-Hackmischung nun mit den gehackten Tomaten, dem Gemüsesaft und der Hühnerbrühe ablöschen. Die Paprikapulver untermischen und den Topf für 20 Minuten kochen lassen.

Anschließend den Senf, den Zuckerersatz und den Kräuterfrischkäse unterrühren. Danach den geriebenen Cheddar-Käse in dem Gemüse-Hacktopf schmelzen lassen und zum Schluss noch den abgetropften Puszta-Salat hinzufügen. Nun in die Suppe noch das Johannisbrotkernmehl mit einem Schneebesen einrühren und den fertigen Puszta-Gemüse-Hacktopf mit Salz und Pfeffer abschmecken.

TIPP

Falls Sie kein Johannisbrotkernmehl besitzen, dann dicken Sie die Suppe doch mit ein klein wenig Stärke oder einem anderen Bindemittel an.

Wuschelgemüse al forno

Nährwerte pro Portion:
Kilokalorien: 554, Fett: 31,0 g, Kohlenhydrate: 25,1 g, Eiweiß: 35,0 g

ZUTATEN FÜR 4 PORTIONEN

700 g Brokkoli, in große Röschen geschnitten
700 g Blumenkohl, in große Röschen geschnitten
300 g gekochter Schinken, Scheiben in Streifen geschnitten
1 EL Olivenöl
85 g rote Zwiebel, gehackt
2 Knoblauchzehen, fein gehackt
300 g Kirschtomaten, geviertelt
500 ml Gemüsesaft (fertig aus dem Supermarkt)
2 EL doppelt konzentriertes Tomatenmark
2 TL Zuckerersatz
2 TL getrockneter Oregano
50 ml trockener Rotwein
80 g Tomaten-Pesto
80 g Frischkäse
200 g Mozzarella, in Würfel geschnitten
Salz und Pfeffer

TIPP

Wenn Sie ein Fan von Rosenkohl und Romanesco sind, dann tauschen Sie doch das Gemüse einfach mal aus.

ZUBEREITUNG

Den Backofen auf 180 °C Umluft vorheizen.

Die Brokkoli- und Blumenkohlröschen in Wasser für 9–12 Minuten bissfest garen und dann in einem Küchensieb abgießen. Das abgetropfte Gemüse in eine große Auflaufform füllen und die Schinkenstreifen darüber verteilen.

In einem Topf einen Esslöffel Olivenöl erhitzen und die Zwiebelwürfel glasig anbraten. Dann die beiden gehackten Knoblauchzehen untermischen alles gemeinsam für 2–3 Minuten braten.

Anschließend die Zutaten bis einschließlich dem Rotwein zufügen und die Tomatensoße für 15 Minuten kochen lassen. Zum Schluss noch das Tomaten-Pesto und den Frischkäse unterrühren und die Soße mit Salz und Pfeffer abschmecken.

Die Tomatensoße über der Brokkoli-Blumenkohl-Schinkenmischung verteilen und dann alles noch mit dem gewürfelten Mozzarella bestreuen.

Nun den Auflauf für 15–20 Minuten in den Backofen stellen, bis der Käse goldgelb überbacken ist.

Blumi-Cous mit Orient-Hackbällchen

Nährwerte pro Portion:
Kilokalorien: 587, Fett: 34,0 g, Kohlenhydrate: 20,8 g, Eiweiß: 40,1 g

ZUTATEN FÜR 3 PORTIONEN

Für die Hackbällchen:
400 g mageres Rinderhack oder ein Hackersatz
1 Ei, Größe M
1 EL Harissa-Gewürzpaste (gibt es im Supermarkt bei den Zutaten aus aller Herren Länder)
10 g Flohsamenschalen
1 EL Olivenöl

Für das Blumi-Cous:
1 EL Olivenöl
85 g rote Zwiebel, gehackt
850 g Blumenkohl, grob geraspelt
150 g rote Paprika, gewürfelt
100 g Karotten gewürfelt
2 TL Ras-el-Hanout-Gewürzmischung (alternativ Kreuzkümmel, Paprika, Piment, Nelken und etwas Zimt gemahlen)
30 g Tahin-Paste (Sesammus)
Salz und Pfeffer

Zum Bestreuen:
100 g Granatapfelkerne

ZUBEREITUNG

Aus dem Rinderhack und den anderen Zutaten einen Fleischteig herstellen. Daraus kleine Fleischbälle formen und diese für ca. 7–8 Minuten in einer Pfanne in Olivenöl bei mittlerer Hitze braten.

Für das Blumi-Cous einen Topf erhitzen und einen Esslöffel Olivenöl hineingeben. Darin die Zwiebelwürfel 2–3 Minuten glasig dünsten. Dann den Blumenkohl, die Paprika- und Karottenwürfel hinzufügen. Alles gemeinsam für 7–8 Minuten braten. Immer wieder durchrühren. Nun noch das Ras-el-Hanout-Gewürz und die Tahin-Paste untermischen. Die fertige Blumenkohlpfanne mit Salz und Pfeffer abschmecken.

Das Blumi-Cous mit den Hackbällchen anrichten und das Gericht mit den Granatapfelkernen bestreuen.

TIPP

Statt der Tahin-Paste können Sie auch ein helles Nussmus verwenden, wie Mandelmus oder Cashewmus.

Knoblauchbutter-Blumisotto mit Halloumi und Spinat

Nährwerte pro Portion:
Kilokalorien: 547, Fett: 41,3 g, Kohlenhydrate: 13,9 g, Eiweiß: 25,4 g

ZUTATEN FÜR 3 PORTIONEN

1 EL Olivenöl
250 g Gemüsezwiebel, klein gehackt
750 g Blumenkohl, grob geraspelt
40 g Butter
2 EL 8-Kräuter-Mischung, frisch oder TK
2 Knoblauchzehen, gepresst
90 g Frischkäse
200 g Halloumi-Käse, grob geraspelt
150 g frischer Baby-Spinat (man kann auch aufgetauten TK-Blattspinat verwenden)
Salz und Pfeffer

ZUBEREITUNG

Einen größeren Topf mit einem Esslöffel Olivenöl erhitzen und die Zwiebelwürfel darin glasig anbraten. Dann die Blumenkohlraspel untermischen und diese für 7–8 Minuten bissfest braten. Nun die Butter, die Kräuter und die beiden gepressten Knoblauchzehen zufügen. Dann den Frischkäse unterheben und vorsichtig rühren, bis sich alles gut verbunden hat.

Während der Blumenkohlreis brät, den geraspelten Halloumi-Käse in einer heißen beschichteten Pfanne, ohne zusätzliches Fett, für 4–5 Minuten krümelig und goldbraun braten. Nicht erschrecken. Erst einmal zieht der Käse Wasser und es sieht in der Pfanne komisch aus. Es braucht etwas Zeit, bis das ausgetretene Wasser komplett verkocht ist und dann klappt das mit dem goldbraun und krümelig braten am Ende sehr gut.

Die gebratenen goldbraunen Käseraspel unter den knoblauchigen Blumenkohlreis mischen und dabei auch gleich den Baby-Spinat zufügen und unterheben. Die kleinen Spinatblätter fallen ruckzuck zusammen und verteilen beim Rühren sehr gut im Blumenkohlreis. Dann alles noch nur mit Salz und Pfeffer abschmecken.

TIPP

Statt Spinat ist würziger Rucola eine spannende Variante, der jenseits des Salattellers auch warm eine gute Figur macht.

Thai-Blumi-Goreng

Nährwerte pro Portion:
Kilokalorien: 371, Fett: 14,9 g, Kohlenhydrate: 14,2 g, Eiweiß: 38,7 g

ZUTATEN FÜR 4 PORTIONEN

30 g Kokosöl
400 g Hähnchenbrustfilet, in Streifen geschnitten
200 g rohe, geschälte Garnelen
100 g Zwiebel, gewürfelt
2–3 TL rote Currypaste (nach Schärfetoleranz zufügen)
850 g Blumenkohl, grob geraspelt
150 g Karotten, in Würfel geschnitten
150 g rote Paprika, gewürfelt
1 TL Gemüsebrühepulver
1 EL Limettensaft, frisch gepresst
50 ml Kokosmilch
20 g Kokosraspel
1 Bund Frühlingszwiebeln, in Ringe geschnitten
Salz und Pfeffer

ZUBEREITUNG

Einen großen beschichteten Topf oder einen Wok mit einem Esslöffel Kokosöl erhitzen. Die Hähnchenstreifen anbraten und nach 2–3 Minuten aus dem Topf nehmen. Im gleichen Topf die Garnelen anbraten und dann ebenfalls nach 1–2 Minuten rausnehmen, damit die Garnelen nicht trocken werden. Fleisch und Garnelen beim Braten leicht mit Salz und Pfeffer würzen.

In dem gleichen Topf einen weiteren Esslöffel Kokosöl erhitzen und die Zwiebelwürfel glasig dünsten. Die rote Currypaste hinzufügen und diese kurz mit den Zwiebeln anrösten. Das Gemüse (außer die Frühlingszwiebeln), das Gemüsebrühepulver und den Limettensaft hinzugeben und alles gemeinsam für 7–8 Minuten braten. Zwischendurch den Topfdeckel für 2–3 Minuten schließen, dann gart das Gemüse leicht.

Danach die Kokosmilch, die Kokosraspel, die gebratenen Garnelen, die gebratenen Fleischstreifen und die Frühlingszwiebelringe hinzufügen und alles gut mischen. Am Ende das fertige Gericht mit Salz und Pfeffer abschmecken.

TIPP

Spätestens jetzt lohnt die Anschaffung eines Küchengerätes, was Ihnen zukünftig die reisgroße Zerkleinerung des Blumenkohls erleichtert. Gibt es von günstig bis luxuriös und ein MUSS, wenn man nicht ständig Blumenkohlschnippsel in der Küche jagen will.

Blumisalata di tonno

Nährwerte pro Portion:
Kilokalorien: 543, Fett: 25,8 g, Kohlenhydrate: 31,9 g, Eiweiß: 36,6 g

ZUTATEN FÜR 2 PORTIONEN

750 g Blumenkohl, grob geraspelt
50 g rote Zwiebel, fein gehackt
150 g Kirschtomaten, halbiert oder geviertelt
180 g tellerfertige braune Linsen, aus der Dose oder Packung
100 g pikant eingelegte grüne Oliven, in Scheiben geschnitten
130 g Thunfisch in Lake, aus der Dose, gut abgetropft
50 g Tomaten-Pesto
1 EL Olivenöl
1 EL heller Balsamico-Essig
1 TL Oregano, frisch oder getrocknet
Salz und Pfeffer

ZUBEREITUNG

Den Backofen auf 180 °C Umluft vorheizen.

Die Blumenkohlraspel in eine Ofenform füllen und die Raspel für 20–25 Minuten rösten. Dabei einmal zwischendurch mischen, damit die obere Schicht nicht verbrennt. Anschließend abkühlen lassen.

Den gerösteten Blumenkohl mit den gewürfelten Zwiebeln, den Kirschtomaten, den braunen Linsen, den Olivenscheiben und dem abgetropften Dosenthunfisch in eine Schüssel füllen und alles gemeinsam gut durchmischen.

Nun noch in einem kleinen Schälchen das Tomaten-Pesto mit dem Olivenöl, dem hellen Balsamico-Essig und dem Oregano verrühren und das Dressing dann unter den Salat heben.

Den Salat final mit Salz und Pfeffer abschmecken und anschließend für mindestens 4 Stunden im Kühlschrank ziehen lassen.

TIPP

Der Salat ist toll für die Mittagspause im Büro, denn er kann gut vorbereitet werden und entfaltet dann über Nacht sein wunderbares Aroma.

Dill-Gemüse-Putenragout mit Blumenkohlreis

Nährwerte pro Portion:
Kilokalorien: 479, Fett: 24,9 g, Kohlenhydrate: 18,7 g, Eiweiß: 37,3 g

ZUTATEN FÜR 4 PORTIONEN

Für das Dill-Gemüse-Putenragout:
1 EL Olivenöl
200 g Gemüsezwiebel, gehackt
500 g Putenragout, aus der Keule geschnitten
400 ml Gemüsebrühe
250 g Karotten, gewürfelt
250 g Lauch, in Ringe geschnitten
150 g TK-Erbsen
200 g Schmand, 24 % Fett
1 TL mittelscharfer Senf
2 EL Gurkenwasser, aus einem Glas Gewürzgurken
¼ TL Johannisbrotkernmehl, für die Bindung
2 EL Dill, frisch oder TK
Salz und Pfeffer

Für den Blumenkohlreis:
1 EL Olivenöl
900 g Blumenkohl, grob geraspelt
Salz und Pfeffer

TIPP

Wenn Sie fleischlos unterwegs sind, dann ersetzen Sie doch das Putenfleisch durch geviertelte braune Champignons. Die ersten 30 Minuten der Kochzeit können Sie dann überspringen.

ZUBEREITUNG

Den Backofen auf 180 °C Umluft vorheizen.

Einen größeren Topf mit einem Esslöffel Olivenöl erhitzen und die Gemüsezwiebelwürfel glasig anbraten. Das Putenfleisch zufügen und gemeinsam mit den Zwiebeln für 3–4 Minuten braten. Dann mit der Gemüsebrühe ablöschen und das Fleisch mit den Zwiebelwürfeln für 30 Minuten kochen lassen.

In der Zwischenzeit den grob geraspelten Blumenkohl in eine große Ofenform füllen und einen Esslöffel Olivenöl und Salz und Pfeffer unterrühren. Den Blumenkohlreis für 20–25 Minuten in den Backofen stellen. Nach der halben Zeit einmal durchmischen, damit die oberen Raspel nicht verbrennen und Feuchtigkeit entweichen kann. Wer ohne Backofen arbeiten will, kann den Blumenkohlreis auch in einem Topf für 7–8 Minuten braten. Persönlich mag ich jedoch die Backofenvariante lieber, denn der Blumenkohlreis gewinnt durch das Rösten und das Verdampfen von Wasser im Gemüse an Geschmack.

Wenn die 30 Minuten beim Putenragout fertig sind, dann das Gemüse bis zu den TK-Erbsen zufügen und alles zusammen für weitere 15 Minuten kochen lassen.

Nun noch den Schmand, den Senf und das Gurkenwasser unter das Putengulasch mischen. Die helle Soße mit Johannisbrotkernmehl andicken. Dazu einfach mit einem Schneebesen unterrühren.

Zum Schluss noch den Dill untermischen und das gemüsige Ragout mit Salz und Pfeffer würzen.

Den fertigen Blumenkohlreis mit dem Dill-Gemüse-Putenragout anrichten.

Karottenbacon-Spirellipfanne

Nährwerte pro Portion:
Kilokalorien: 518, Fett: 16,4 g, Kohlenhydrate: 55,5 g, Eiweiß: 25,6 g

ZUTATEN FÜR 4 PORTIONEN

300 g Kichererbsen-Spirelli

Für den Karottenbacon:
4 EL helle Sojasoße
2 EL Sriracha-Soße
1 TL edelsüßes Paprikapulver
1 TL geräuchertes Paprikapulver
2 EL zuckerfreier Ketchup
2 TL Zuckerersatz
1 TL Salz
800 g dicke Karotten, in dünne Scheiben gehobelt

Für die Nudelpfanne:
1 EL Olivenöl
200 g Gemüsezwiebel, gehackt
250 g Champignons, geviertelt
250 g Kirschtomaten, geviertelt oder halbiert
3 EL Mandelmus
Salz und Pfeffer

ZUBEREITUNG

Den Backofen auf 180 °C Umluft vorheizen.

Die Kichererbsen-Spirelli nach Packungsangabe bissfest garen und diese in einem Küchensieb abgießen.

Für den Karottenbacon die Zutaten für die Würzung mischen. Dann die Karottenscheiben in einer Schüssel mit der Marinade verrühren und anschließend auf einem mit Backpapier belegten Blech verteilen. Die Karottenscheiben nun für 25 Minuten im Ofen rösten.

Während die Karottenscheiben im Ofen backen, in einem großen Topf einen Esslöffel Olivenöl erhitzen und die Gemüsezwiebelwürfel darin glasig anbraten. Erst die Champignons und dann die Kirschtomaten untermischen und beides je 2 Minuten braten.

Anschließend das Mandelmus untermischen und die vorgekochten Kichererbsennudeln und die gerösteten Karottenscheiben unter das Essen heben. Das fertige Essen noch final mit Salz und Pfeffer abschmecken.

TIPP

Statt Mandelmus können Sie auch gerne Frischkäse verwenden, dann darf es davon ruhig etwas mehr sein.

Bärlauch-Karottensuppe mit Fleischbällchen

Nährwerte pro Portion:
Kilokalorien: 470, Fett: 30,3 g, Kohlenhydrate: 15,5 g, Eiweiß: 24,7 g

ZUTATEN FÜR 3 PORTIONEN

1 EL Olivenöl
75 g rote Zwiebel, gehackt
100 g Knollensellerie, gewürfelt
200 g Lauch, in Ringe geschnitten
500 g Karotten, in Würfel geschnitten
900 ml Gemüsebrühe
50 g frischer Bärlauch, in Streifen geschnitten
40 g Mandelmus
300 g grobes rohes Wurstbrät, in 2 cm große Kugeln gerollt
Salz und Pfeffer

ZUBEREITUNG

In einem großen Topf einen Esslöffel Olivenöl erhitzen und die Zwiebelwürfel glasig anschwitzen. Danach Sellerie, Lauch und Karotte zufügen und alles für 1–2 Minuten braten. Mit der Gemüsebrühe ablöschen und die Suppe für 15 Minuten kochen lassen. Dann den Bärlauch zufügen, kurz untermischen und nun die Suppe pürieren.

Anschließend das Mandelmus unterrühren und die Fleischbällchen in die heiße Suppe geben. Für 10 Minuten garziehen lassen. Die Suppe zum Schluss noch mit Salz und Pfeffer abschmecken.

TIPP

Freunde der fischigen Ernährung können statt der Fleischbällchen auch Stücke von geräuchertem Forellenfilet in der Suppe warmziehen lassen.

Aroma-Ofenkarotten mit schneller Fenchel-Gyrospfanne

Nährwerte pro Portion:
Kilokalorien: 585, Fett: 31,1 g, Kohlenhydrate: 22,9 g, Eiweiß: 31,3 g

ZUTATEN FÜR 2 PORTIONEN

Für die Ofenkarotten:
700 g Karotten, in Sticks geschnitten
1 EL Olivenöl
1 TL edelsüßes Paprikapulver
½ TL gemahlener Kreuzkümmel
1 Msp. gemahlener Zimt
Salz und Pfeffer

Für die Gyrospfanne:
1 EL Olivenöl
200 g Schweinefilet oder Hähnchenbrust, in Geschnetzeltes geschnitten
125 g Fenchelknolle, in dünne Streifen gehobelt
1 Knoblauchzehe, gepresst
1–2 TL Gyrosgewürz
½ TL edelsüßes Paprikapulver
50 ml trockener Weißwein
75 g Schmand, 24 % Fett
30 g Manchego-Käse, gerieben
Salz und Pfeffer

ZUBEREITUNG

Den Backofen auf 180 °C Umluft vorheizen.

Die Karottenstücke mit einem Esslöffel Olivenöl, dem Paprikapulver, dem Kreuzkümmel und dem Zimt mischen. Das Gemüse mit Salz und Pfeffer würzen und die Karottenstücke auf einem Backblech verteilen. Für 20–25 Minuten im Ofen backen.

Einen Esslöffel Olivenöl in einem Topf erhitzen und die Fleischstreifen für 2–3 Minuten braten und dann aus dem Topf nehmen. Im Bratfett die Fenchelstreifen für 1–2 Minuten anbraten. Die gepresste Knoblauchzehe, das Gyrosgewürz, das Paprikapulver, den Weißwein und den Schmand zufügen und das Fenchelgemüse für 5–6 Minuten mit geöffnetem Topfdeckel köcheln lassen.

Anschließend das gebratene Geschnetzelte zum cremigen Fenchel-Gemüse geben und zuletzt noch den geriebenen Manchego-Käse untermischen und diesen schmelzen lassen. Die Soße nun noch final mit Salz und Pfeffer abschmecken.

Die gerösteten aromatischen Karottenstücke aus dem Ofen holen und die Fenchel-Gyrospfanne dazu anrichten.

TIPP

Intensiver wird der Geschmack, wenn Sie das Fleisch vorweg mit Olivenöl, Gyrosgewürz und Knoblauch marinieren.

Überbackene Ofenkarotten mit Lauch-Champignons-Hackmix

Nährwerte pro Portion:
Kilokalorien: 605, Fett: 38,7 g, Kohlenhydrate: 20,9 g, Eiweiß: 31,0 g

ZUTATEN FÜR 4 PORTIONEN

Für die Ofenkarotten:
1,2 kg Karotten, halbiert oder geviertelt, in 5–6 cm lange Sticks geschnitten
2 EL Olivenöl
2 TL edelsüßes Paprikapulver
1 TL Currypulver
1 TL Cajun-Gewürzmischung (alternativ etwas Kurkuma, Thymian, Oregano, Chilipulver, Knoblauch- und Zwiebelpulver beifügen)
Salz und Pfeffer

Für den Hackmix:
400 g grobes rohes Wurstbrät, ohne Haut, in kleine Stücke zerteilt
300 g Lauch, in dünne Ringe geschnitten
250 g Champignons, geviertelt
½ TL rote Currypaste
2 EL helle Sojasoße
1 TL Currypulver
100 g Schmand, 24 % Fett
80 g Cheddar-Käse, grob gerieben

TIPP

Sie können bei dem Gericht auch einen vegetarischen Hackersatz verwenden, sollten diesen jedoch kräftig mit Salz, Pfeffer, Majoran und etwas Muskatnuss würzen.

ZUBEREITUNG

Den Backofen auf 180 °C Umluft vorheizen.

Die Karottensticks mit dem Olivenöl und den Gewürzen mischen und dann auf einem Backblech verteilen. Das Gemüse nun im Backofen für 20–25 Minuten backen.

In der Zwischenzeit einen Topf erhitzen und das Wurstbrät ohne zusätzliches Fett für 3–4 Minuten anbraten. Dann die Lauchringe und die geviertelten Champignons zufügen und diese für 3–4 Minuten mit dem Fleisch braten. Danach die rote Currypaste untermischen und diese kurz anrösten. Anschließend die beiden Esslöffel Sojasoße und das Currypulver zufügen und außerdem noch den Schmand unterrühren. Jetzt alles zusammen für 2–3 Minuten unter gelegentlichem Rühren leicht köcheln lassen.

Als Nächstes die gebackenen Karottenstücke aus dem Ofen nehmen und diese etwas in der Mitte zusammenschieben. Die Karottenstücke dürfen sich ruhig überlappen. Auf den Karotten nun die lauchige Hackmischung verteilen und final den geriebenen Cheddar-Käse über das Gericht streuen.

Nun alles gemeinsam für 15 Minuten zurück in den Ofen geben, bis der Käse goldgelb verlaufen ist und sich alle Zutaten des Blechgerichtes schmackhaft miteinander verbunden haben.

Parmesan-Knoblauch-Karotten mit Paprika-Quark-Kräuterdip

Nährwerte pro Portion:
Kilokalorien: 438, Fett: 21,5 g, Kohlenhydrate: 24,9 g, Eiweiß: 20,2 g

ZUTATEN FÜR 4 PORTIONEN

Für die Karotten:
1,6 kg Karotten, längs geviertelt oder halbiert
2 EL Olivenöl
30 g Butter
1 Knoblauchzehe, gepresst
90 g Parmesan, fein gerieben
Salz und Pfeffer

Für den Dip:
250 g Magerquark
50 g Joghurt, 3,5 % Fett
2 EL Gurkenwasser, aus einem Glas Gewürzgurken
60 g Ajvar, scharf oder mild
1 TL heller Balsamico-Essig
1 TL Zuckerersatz
30 g frische Kräuter, gehackt (Petersilie, Schnittlauch, Dill etc.)
Salz und Pfeffer

ZUBEREITUNG

Den Backofen auf 180 °C Umluft vorheizen.

Die Karottensticks in eine große Schüssel geben. Das Olivenöl und die Butter gemeinsam erwärmen. Die gepresste Knoblauchzehe unterrühren und die Mischung mit Salz und Pfeffer würzen. Die Knoblauchmischung unter die Karotten rühren und dann die Karotten auf ein mit Backpapier belegtes Blech kippen und verteilen. Anschließend die Karotten für 20–25 Minuten backen. Danach mit dem Parmesan bestreuen und nochmal für 10 Minuten im Ofen backen.

Während die Karotten im Ofen sind, die Zeit nutzen und den Quarkdip anrühren und diesen bis zum Verzehr in den Kühlschrank stellen.

Wenn die Karotten fertig sind, dann diese gemeinsam mit dem Dip anrichten.

TIPP

Tauschen Sie den Parmesan doch gegen alten Gouda oder einen anderen aromatischen Hartkäse aus, und das Gericht bekommt eine andere Note.

Karotten-Linsensalat mit Räucherhähnchen

Nährwerte pro Portion:
Kilokalorien: 504, Fett: 31,0 g, Kohlenhydrate: 19,2 g, Eiweiß: 29,4 g

ZUTATEN FÜR 2 PORTIONEN

200 g Karotten, in Würfel geschnitten
1 EL Olivenöl
2 geräucherte Hähnchenkeulen, das Fleisch vom Knochen gelöst, ohne Haut in Stücke geschnitten
150 g tellerfertige braune Linsen, aus der Dose oder Packung
125 g gemischter Pflücksalat (fertige Mischung aus Rucola, Baby-Spinat, Rote-Bete-Blätter)
Salz und Pfeffer

Für das Dressing:
1 EL heller Balsamico-Essig
1 EL Olivenöl
1 EL Bresso (alternativ Kräuterfrischkäse)
1 EL Wasser
½ TL Zuckerersatz
½ TL mittelscharfer Senf
Salz und Pfeffer

ZUBEREITUNG

Die Karottenwürfel in einer Pfanne in einem Esslöffel Olivenöl für 5 Minuten bissfest braten, salzen und pfeffern und dann abkühlen lassen.

Die Zutaten für das Dressing mit einem Schneebesen verrühren.

Alle Bestandteile des Salates mischen und dann das Salatdressing unterheben.

TIPP

Wer keine geräucherten Hähnchenkeulen zu kaufen bekommt, nimmt geräucherte Putenbrust (wie gewachsen) und schneidet die ganz einfach in Würfel.

Möhren-Blitzgratin

Nährwerte pro Portion:
Kilokalorien: 514, Fett: 32,6 g, Kohlenhydrate: 22,9 g, Eiweiß: 19,9 g

ZUTATEN FÜR 2 PORTIONEN

1 EL Olivenöl
200 g Gemüsezwiebel, gehackt
650 g Karotten, in dünne Scheiben gehobelt
75 ml Sahne
1 Ei, Größe L
1 Knoblauchzehe, gepresst
1 EL 8-Kräutermischung, frisch oder TK
20 g Parmesan, fein gerieben
50 g Emmentaler-Käse, grob gerieben
Salz und Pfeffer

ZUBEREITUNG

Den Backofen auf 180 °C Umluft vorheizen.

In einem Topf einen Esslöffel Olivenöl erhitzen und die Gemüsezwiebelwürfel glasig anbraten. Dann die Karottenscheiben zufügen und diese für 2–3 Minuten braten. Etwas Salz und Pfeffer zufügen und dann den Topfdeckel schließen und die Karottenscheiben für 4–5 Minuten garen lassen.

In der Zwischenzeit die Sahne mit dem Ei, der gepressten Knoblauchzehe, den Kräutern und dem geriebenen Parmesan mixen. Die Mischung mit Salz und Pfeffer würzen.

Wenn die Karotten bissfest sind, dann den Topf von der heißen Herdplatte nehmen und für 2–3 Minuten warten, damit die Karotten etwas Hitze verlieren. Dann die Eier-Sahnemischung unter die Karotten rühren. Alles in eine Auflaufform umfüllen und dort mit dem Emmentaler bestreuen. Nun die Auflaufform für 20 Minuten in den Backofen stellen.

TIPP

Wenn Ihnen Karotten schon zu den Ohren herauskommen, dann tauschen Sie doch gegen Pastinaken, Süßkartoffeln oder Butternut-Kürbis.

Karotten-Paprika-Sellerieauflauf mit Linsen

Nährwerte pro Portion:
Kilokalorien: 486, Fett: 24,7 g, Kohlenhydrate: 35,4 g, Eiweiß: 21,8 g

ZUTATEN FÜR 4 PORTIONEN

Für die Linsencreme:
500 ml Karottensaft (ohne zugesetzten Honig)
250 g süßsauer eingelegte geröstete Paprika, aus dem Glas, abgetropft
1 EL Mandelmus
90 g rote Linsen
Salz und Pfeffer

Für den Auflauf:
1 EL Olivenöl
85 g rote Zwiebel, gehackt
900 g Knollensellerie, in grobe Stücke geschnitten und dann dünn gehobelt
250 g Karotten, in kleine Würfel geschnitten
100 ml Sahne
1 TL Gemüsebrühepulver
50 g Cheddar-Käse, fein gerieben
75 g mittelalter Gouda-Käse, grob gerieben
Salz und Pfeffer

TIPP

Verwenden Sie in der dunklen Jahreszeit doch mal Raclette-Käse zum Überbacken, dann wird der Auflauf besonders aromatisch.

ZUBEREITUNG

Den Backofen auf 180 °C Umluft vorheizen.

Für die Linsencreme, den Karottensaft gemeinsam mit den eingelegten Paprikas pürieren und die Mischung in einem Topf erhitzen. Die roten Linsen darin für 20 Minuten ohne Topfdeckel kochen lassen. Bei Bedarf die Kochzeit verlängern, bis die Linsen breiig werden. Am Ende das Mandelmus unterrühren und die Creme mit etwas Salz und Pfeffer abschmecken.

Während die Linsen kochen, in einem großen Topf einen Esslöffel Olivenöl erhitzen und die Zwiebelwürfel glasig anbraten. Dann die Selleriescheiben und die Karottenwürfel zufügen und alles zusammen für 5–6 Minuten braten. Nun die Sahne und das Gemüsebrühepulver in den Topf geben und das Gemüse für 8–9 Minuten köcheln lassen. Mehrfach durchmischen, damit die Selleriescheiben und die Karottenwürfel gleichmäßig garen. Dann den fein geriebenen Cheddar-Käse unter das Gemüse mischen.

Zum Schluss die fertige Karotten-Linsencreme mit der Karotten-Selleriemischung im Topf vermengen und alles final mit Salz und Pfeffer abschmecken. Den kompletten Inhalt in eine passend große Auflaufform umfüllen, alles etwas glattstreichen und den Auflauf mit dem geriebenen Gouda-Käse bestreuen. Anschließend die gefüllte Auflaufform für 25 Minuten in den heißen Backofen stellen.

Ofen-Knoblauchkohlrabi mit Orient-Linsencurry

Nährwerte pro Portion:
Kilokalorien: 431, Fett: 23,1 g, Kohlenhydrate: 32,5 g, Eiweiß: 16,4 g

ZUTATEN FÜR 2 PORTIONEN

Für den Ofen-Knoblauchkohlrabi:
25 g Butter, geschmolzen
1 Knoblauchzehe, gepresst
800 g Kohlrabi, in kurze Sticks geschnitten
Salz und Pfeffer

Für das Linsencurry:
2 TL Olivenöl
50 g rote Zwiebel, fein gehackt
1 EL doppelt konzentriertes Tomatenmark
180 g tellerfertige braune Linsen, aus der Dose oder Packung
1 TL Harissa-Gewürzpaste (gibt es im Supermarkt bei den Zutaten aus aller Herren Länder)
1 TL Currypulver
150 ml Gemüsebrühe
50 g Frischkäse
1 EL frische Petersilie, gehackt
Salz und Pfeffer

ZUBEREITUNG

Den Backofen auf 180 °C Umluft vorheizen.

Für den Ofenkohlrabi die geschmolzene Butter mit dem gepressten Knoblauch mischen. Die Knoblauchbutter unter die Kohlrabistücke mischen, diese mit Salz und Pfeffer würzen und dann die Stücke auf ein Backblech geben. Für 25 Minuten im Ofen backen.

Für das Orient-Linsencurry in einem kleinen Topf zwei Teelöffel Olivenöl erhitzen und die Zwiebelwürfel glasig anbraten. Dann das Tomatenmark zufügen und dieses kurz mit den Zwiebelwürfeln anschwitzen. Anschließend die Linsen, die Harissa-Gewürzpaste und das Currypulver untermischen. Nun den Topfinhalt mit der Gemüsebrühe ablöschen. Den Linsentopf für 5 Minuten kochen lassen. Danach den Frischkäse unterrühren.

Zum Schluss das Orient-Linsencurry mit Salz und Pfeffer abschmecken und die gehackte Petersilie untermischen. Dann das fertige Linsencurry gemeinsam mit dem Ofen-Knoblauchkohlrabi anrichten.

TIPP

Wer vegan bleiben möchte, nimmt statt der Butter ein gutes Olivenöl und tauscht den Frischkäse gegen 1-2 Esslöffel Mandelmus.

Manchego-Kohlrabi mit Pestocreme

Nährwerte pro Portion:
Kilokalorien: 570, Fett: 41,8 g, Kohlenhydrate: 23,5 g, Eiweiß: 19,7 g

ZUTATEN FÜR 2 PORTIONEN

750 g Kohlrabi, in kurze Sticks geschnitten
1 EL Olivenöl
150 g Kirschtomaten, halbiert
85 g Tomaten-Pesto
50 g Frischkäse
1 TL Oregano, frisch oder getrocknet
60 g Manchego-Käse, grob gerieben
Salz und Pfeffer

ZUBEREITUNG

Die Kohlrabistücke in Wasser für 5–6 Minuten bissfest garen. Die Kohlrabistücke anschließend in einem Küchensieb abgießen und abdampfen lassen.

In einem Topf einen Esslöffel Olivenöl erhitzen und die Kohlrabistücke für 2–3 Minuten braten. Dann die Kirschtomaten zufügen und diese für 1–2 Minuten mitbraten.

Nun das Tomaten-Pesto, den Frischkäse und den Oregano im Topf verteilen und alles mit Salz und Pfeffer würzen.

Als letzten Arbeitsschritt noch den Topfinhalt mit dem geriebenen Manchego-Käse bestreuen. Den Topfdeckel schließen und den Manchego-Käse für 4–5 Minuten schmelzen lassen.

TIPP

Wie wäre es mit einer grünen Variante des leckeren Gerichts? Sie können nämlich auch Basilikum-Pesto verwenden und schon sieht das Essen ganz anders aus.

Rauchige Karotten-Kohlrabi-Hähnchensuppe mit Linsen

Nährwerte pro Portion:
Kilokalorien: 473, Fett: 22,7 g, Kohlenhydrate: 33,6 g, Eiweiß: 34,3 g

ZUTATEN FÜR 3 PORTIONEN

500 ml Karottensaft (ohne zugesetzten Honig)
500 ml Geflügel-Knochenbrühe oder Hühnerbrühe
350 g Karotten, in Würfel geschnitten
350 g Kohlrabi, in Würfel geschnitten
60 g Erdnussmus
2 geräucherte Hähnchenkeulen, das Fleisch vom Knochen gelöst und klein geschnitten
180 g tellerfertige braune Linsen, aus der Dose oder Packung
3 EL frische Petersilie, gehackt
Salz und Pfeffer

TIPP

Sie mögen lieber Fisch in der Suppe? Dann geben Sie statt des Hähnchens doch einfach in kleine Stücke zerteilte geräucherte Makrele zur Suppe.

ZUBEREITUNG

Den Karottensaft und die Hühnerbrühe in einen Topf geben und die Suppe erhitzen. Die Karotten- und die Kohlrabiwürfel in die Brühe geben und dann für 15 Minuten kochen lassen. Nun das Erdnussmus in die Suppe geben und alles gemeinsam mit dem Pürierstab fein zerkleinern.

Anschließend die braunen Linsen und das geräucherte Hähnchenfleisch in die Suppe geben und kurz warmziehen lassen. Die fertige Suppe in Schalen servieren und dort mit der frisch gehackten Petersilie bestreuen.

Brathähnchen-Kohlrabipfanne

Nährwerte pro Portion:
Kilokalorien: 465, Fett: 31,9 g, Kohlenhydrate: 14,4 g, Eiweiß: 36,7 g

ZUTATEN FÜR 3 PORTIONEN

Für das Brathähnchenfleisch:
1 EL helle Sojasoße
1 TL edelsüßes Paprikapulver
½ TL Currypulver
2 große Hähnchenkeulen
Salz und Pfeffer

Für die Kohlrabipfanne:
750 g Kohlrabi, in 1–2 cm große Würfel geschnitten
1 EL Olivenöl
200 g Kirschtomaten, halbiert
250 g Champignons, geviertelt
1 TL edelsüßes Paprikapulver
1 TL Currypulver
1 TL Thymian, frisch oder getrocknet
90 g Frischkäse
40 g Cheddar-Käse, fein gerieben
Salz und Pfeffer

ZUBEREITUNG

Den Backofen auf 180 °C Umluft vorheizen.

Die Sojasoße mit dem Paprikapulver, dem Currypulver und Salz und Pfeffer zu einer Marinade verrühren. Die beiden Hähnchenkeulen rundum damit einpinseln. Dann die beiden gewürzten Hähnchenkeulen im Backofen für 35–40 Minuten knusprig braten. Anschließend das Fleisch mit Haut noch warm vom Knochen lösen und in mundgerechte Stücke schneiden.

Während die Hähnchenkeulen im Ofen braten, die kleingeschnittenen Kohlrabiwürfel in etwas Wasser für 7–8 Minuten bissfest kochen. Die Kohlrabistücke anschließend in einem Küchensieb abgießen und abdampfen lassen.

Nun in einem größeren Topf oder einer großen Pfanne mit hohem Rand einen Esslöffel Olivenöl erhitzen. Dann die vorgekochten Kohlrabistücke für 2–3 Minuten braten. Danach die halbierten Kirschtomaten und die geviertelten Champignons zufügen. Den Topfinhalt nun für weitere 2–3 Minuten braten.

Als Nächstes die Gewürze und etwas Salz und Pfeffer untermischen und die Gemüsepfanne für 2–3 Minuten köcheln lassen. Dann noch den Frischkäse und den geriebenen Cheddar-Käse unterrühren, bis dieser geschmolzen ist.

Als letzten Arbeitsschritt das vorbereitete Brathähnchenfleisch unter die Gemüsepfanne mischen und das fertige Gericht nochmal mit Salz und Pfeffer final abschmecken.

TIPP

Wenn es schnell gehen soll, dann geht auch mal ein fertig gebratenes Brathähnchen vom Hähnchenwagen oder der heißen Theke beim Metzger.

Lauch-Gemüsesuppe mit Lachs

Nährwerte pro Portion:
Kilokalorien: 456, Fett: 29,8 g, Kohlenhydrate: 16,3 g, Eiweiß: 26,4 g

ZUTATEN FÜR 4 PORTIONEN

1 EL Olivenöl
200 g Gemüsezwiebel, fein gehackt
300 g Lauch, in 0,5 cm breite Ringe geschnitten
300 g Kohlrabi, in kleine Würfel geschnitten
200 g Karotten, in kleine Würfel geschnitten
150 g Fenchel, in dünne Scheiben geschnitten bzw. gehobelt
100 g TK-Erbsen
800 ml Gemüsebrühe
200 ml Sahne
½ TL Johannisbrotkernmehl, für die Bindung
375 g Lachsfilet, in mundgerechte Streifen geschnitten
2 EL Dill, frisch oder TK
Salz und Pfeffer

ZUBEREITUNG

In einem großen Suppentopf einen Esslöffel Olivenöl erhitzen und die Gemüsezwiebelwürfel glasig anbraten. Dann das restliche Gemüse bis zu den gefrorenen Erbsen zufügen und dieses für 3–4 Minuten braten.

Anschließend den Topfinhalt mit der Gemüsebrühe ablöschen und das Gemüse für 10–12 Minuten kochen. Danach die flüssige Sahne zufügen und die Suppe mit dem Johannisbrotkernmehl andicken. Dazu das Bindemittel über ein kleines Küchensieb mit einem Schneebesen einrühren. An einer Stelle einrühren und dann alles unter die restliche Suppe mischen, so wird es klumpenfrei und gleichmäßig angedickt.

Nun noch die Lachsstücke in die Suppe geben und diese für 7–8 Minuten garziehen lassen. Die Suppe soll dabei heiß sein, aber nicht mehr kochen. Zum Schluss noch den Dill vorsichtig unterrühren und die fertige Suppe final mit Salz und Pfeffer abschmecken.

TIPP

Natürlich kann bei den Gemüsesorten nach eigenem Gusto abgewandelt werden. Toll passt auch Kürbis oder Pastinake bzw. Petersilienwurzel in der Suppe. Auch Spitzkohl, Wirsing oder Baby-Spinat können je nach saisonaler Verfügbarkeit den Weg in die Suppe finden.

Halloumi-Rosmarin-Bolognese mit Bratkohlrabi

Nährwerte pro Portion:
Kilokalorien: 594, Fett: 38,3 g, Kohlenhydrate: 21,6 g, Eiweiß: 32,0 g

ZUTATEN FÜR 4 PORTIONEN

Für den Bratkohlrabi:
900 g Kohlrabi, in 1–2 cm große Würfel geschnitten
1 EL Olivenöl
10 g Butter
Salz und Pfeffer

Für die Halloumi-Rosmarin-Bolognese:
1 EL Olivenöl
85 g rote Zwiebel, gehackt
1 Knoblauchzehe, fein gehackt
125 g Karotte, fein gewürfelt
125 g Staudensellerie, fein gewürfelt
100 ml trockener Rotwein
150 ml Gemüsebrühe
400 g gehackte Tomaten, aus der Dose
2 EL doppelt konzentriertes Tomatenmark
100 ml zuckerfreier Ketchup
1 EL frischer Rosmarin, gehackt
450 g Halloumi-Käse, grob geraspelt
Salz und Pfeffer

ZUBEREITUNG

Die Kohlrabistücke in etwas Wasser für 8–9 Minuten bissfest garen und dann in einem Küchensieb abgießen.

Für die Halloumi-Rosmarin-Bolognese einen größeren Topf erhitzen und in einem Esslöffel Olivenöl die Zwiebelwürfel glasig anbraten. Dann die gehackte Knoblauchzehe untermischen. Nun die Karotten- und Staudenselleriewürfel untermischen. Anschließend mit dem Rotwein, der Gemüsebrühe und den gehackten Dosentomaten ablöschen. Danach das Tomatenmark, das Tomatenketchup und den gehackten Rosmarin unterrühren und die Soße für 30 Minuten kochen lassen.

In der Zwischenzeit in einer großen hohen Pfanne, ohne zusätzliches Fett, den geraspelten Halloumi-Käse goldbraun krümelig braten. Das dauert einige Minuten, da der Halloumi-Käse erst leicht schmilzt und dabei etwas Wasser abgibt. Etwas später, wenn die ausgetretene Flüssigkeit verdampft ist, wird der geraspelte Käse krümelig und goldbraun in der Pfanne.

Nun die gebratenen Halloumikrümel unter die Tomatensoße mischen und die fleischlose Bolognesesoße mit Salz und Pfeffer abschmecken.
In der hohen Pfanne, in der zuvor der Halloumi-Käse gebraten wurde, nun einen Esslöffel Olivenöl und die Butter erhitzen und die vorgekochten Kohlrabistücke für 5–6 Minuten braten. Den Bratkohlrabi zum Schluss mit Salz und Pfeffer würzen.

Die fertige Halloumi-Bolognese gemeinsam mit den gebratenen Kohlrabistücken anrichten.

TIPP

Keine Lust mehr auf Kohlrabi, dann braten Sie sich doch einfach Zudeln, also Zucchini-Nudeln zu der leckeren Halloumi-Bolognese. Sie sparen dabei sogar das Vorkochen, denn Zudeln sind in wenigen Minuten fertig gebraten.

Kohlrabi-Karotten-Hackauflauf

Nährwerte pro Portion:
Kilokalorien: 612, Fett: 36,6 g, Kohlenhydrate: 24,2 g, Eiweiß: 40,0 g

ZUTATEN FÜR 4 PORTIONEN

2 EL Olivenöl
250 g Gemüsezwiebel, gehackt
1,2 kg Kohlrabi, geviertelt und dann dünn gehobelt
250 g Karotten, dünn gehobelt
2 TL Gemüsebrühepulver
400 g Geflügelhackfleisch (alternativ vegetarischer Hackersatz)
150 ml zuckerfreier Ketchup
2 EL helle Sojasoße
2 TL Thymian, frisch oder getrocknet
2 TL edelsüßes Paprikapulver
2 TL Currypulver
150 g Frischkäse
50 g Emmentaler-Käse, fein gerieben
100 g Emmentaler-Käse, grob gerieben, zum Überbacken
Salz und Pfeffer

ZUBEREITUNG

Den Backofen auf 180 °C Umluft vorheizen.

In einem größeren Topf einen Esslöffel Olivenöl erhitzen und die Zwiebelwürfel darin für 2–3 Minuten glasig anbraten. Dann die dünnen Kohlrabischeiben und die gehobelten Karotten zufügen und kurz anrösten. Nun noch das Gemüsebrühepulver untermischen. Anschließend den Topfdeckel schließen und das Gemüse unter gelegentlichem Durchmischen für 7–8 Minuten garen.

In der Zwischenzeit einen zweiten Topf mit einem Esslöffel Olivenöl erhitzen und das Hackfleisch darin krümelig anbraten. Nun noch das Ketchup, die Sojasoße und die Gewürze untermischen und die Hackfleischsoße kräftig mit Salz und Pfeffer abschmecken.

Wenn das Gemüse bissfest ist, dann den Frischkäse unter das Gemüse rühren. Anschließend noch den fein geriebenen Emmentaler zufügen und diesen im Gemüse schmelzen lassen.

Nun das würzige Hackfleisch unter die Gemüsemischung rühren. Das Gericht final mit Salz und Pfeffer abschmecken und dann in eine passend große Auflaufform umfüllen.

Den grob geriebenen Emmentaler auf dem Auflauf verteilen und diesen dann für 20–25 Minuten im Ofen backen.

TIPP

Statt Karotten eignet sich hier in dem Hackauflauf auch wunderbar leckerer Butternut-Kürbis, wenn der gerade Saison hat. Sie können auch gerne Kohlrabi und Kürbis zu gleichen Teilen verwenden.

Kohlrabi alla panna spinaci

Nährwerte pro Portion:
Kilokalorien: 550, Fett: 35,9 g, Kohlenhydrate: 22,5 g, Eiweiß: 28,6 g

ZUTATEN FÜR 2 PORTIONEN

750 g Kohlrabi, in kurze Sticks geschnitten
1 EL Olivenöl
50 g rote Zwiebel, gehackt
1 Knoblauchzehe, gepresst
100 ml Sahne
100 ml Milch
60 g Parmesan, fein gerieben
1 Msp. geriebene Muskatnuss
100 g frischer Baby-Spinat
100 g gekochter Schinken, in Streifen geschnitten
1 Msp. Johannisbrotkernmehl (bei Bedarf, zum Andicken)
Salz und Pfeffer

ZUBEREITUNG

Die Kohlrabisticks in Wasser für 7–8 Minuten kochen und dann in einem Küchensieb abgießen.

In einem Topf einen Esslöffel Olivenöl erhitzen und die Zwiebelwürfel glasig anbraten. Dann die gepresste Knoblauchzehe unterrühren und die Sahne und die Milch in den Topf geben. Alles zusammen für 5 Minuten kochen lassen.

Nun die Herdplatte ausschalten und den geriebenen Parmesan in der Sahnesoße schmelzen lassen. Die geriebene Muskatnuss in die Soße geben und dann noch den Baby-Spinat zufügen. Kurz warten, bis der Spinat zusammengefallen ist und nach 1–2 Minuten den gekochten Schinken unterrühren.

Anschließend die Soße mit Salz und Pfeffer würzen und die Sahnesoße bei Bedarf mit etwas Johannisbrotkernmehl andicken. Dazu einfach mit einem Schneebesen an einer Stelle einrühren und dann unter die restliche Soße rühren.

Jetzt nur noch die Kohlrabistücke in die Schinken-Sahnesoße geben und alles vorsichtig durchmischen.

TIPP

Wenn Mangold Saison hat, dann können Sie statt Spinat auch gerne dazu greifen. Eine schöne Abwechslung und eine Erweiterung des Gemüse-Repertoires.

Curry-Champignons-Kürbistopf

Nährwerte pro Portion:
Kilokalorien: 388, Fett: 21,6 g, Kohlenhydrate: 33,5 g, Eiweiß: 10,9 g

ZUTATEN FÜR 3 PORTIONEN

1 EL Olivenöl
200 g Gemüsezwiebel, fein gehackt
450 g Hokkaido-Kürbis, mit Schale, in Würfel geschnitten
250 g Lauch, in Ringe geschnitten
150 g Karotte, in Würfel geschnitten
100 g TK-Erbsen
250 g braune Champignons, geviertelt
2 TL Currypulver
150 ml Gemüsebrühe
150 ml Sahne oder Kokosmilch
¼ TL Johannisbrotkernmehl, für die Bindung
Salz und Pfeffer

TIPP

Wenn Sie es fleischiger wollen, dann braten Sie doch ganz am Anfang Hähnchenbruststreifen an, bis diese durchgebraten sind und nehmen Sie das Fleisch dann aus dem Topf. Am Ende die Hähnchenstreifen wieder zum Kürbistopf geben und kurz warmziehen lassen.

ZUBEREITUNG

Einen Esslöffel Olivenöl erhitzen und die Zwiebelwürfel darin glasig anbraten. Dann das komplette Gemüse und die Champignons zufügen und kurz anbraten. Das Currypulver und die Gemüsebrühe unterrühren und den Topf für 12 Minuten kochen lassen. Anschließend die Sahne unterrühren und das Johannisbrotkernmehl zur Bindung mit dem Schneebesen einrühren.

Zum Schluss den Curry-Champignons-Kürbistopf noch mit Salz und Pfeffer abschmecken.

Kürbis-Frühstücksfrittata mit Blutwurst

Nährwerte pro Portion:
Kilokalorien: 471, Fett: 30,2 g, Kohlenhydrate: 23,5 g, Eiweiß: 25,7 g

ZUTATEN FÜR 1 PORTION

1 TL Olivenöl
30 g rote Zwiebel, gehackt
150 g Hokkaido-Kürbis, mit Schale, grob geraspelt
2 Eier, Größe L
1 EL Kräuterfrischkäse
½ TL edelsüßes Paprikapulver
2 EL Schnittlauch, in Ringe geschnitten
40 g Blutwurst, gewürfelt
Salz und Pfeffer

TIPP

Blutwurst gruselt Sie? Dann nehmen Sie doch entweder Schinkenwürfel, Nordseekrabben oder Würfel von geräuchertem Tofu.

ZUBEREITUNG

Den Backofen auf 180 °C Umluft vorheizen.

Eine ofenfähige kleinere Pfanne (24 cm Durchmesser) mit einem Teelöffel Olivenöl erhitzen und die Zwiebelwürfel darin für 2–3 Minuten glasig braten. Anschließend die Kürbisraspel zufügen und diese mit den Zwiebelwürfeln für 4–5 Minuten braten.

Die beiden Eier mit dem Kräuterfrischkäse und dem Paprikapulver mixen und kräftig mit Salz und Pfeffer würzen.

Ein Esslöffel Schnittlauchringe unter die Kürbispfanne mischen. Dann die Eiermischung in die Pfanne zum Gemüse gießen und die Blutwurstwürfel auf der Frittata verteilen. Die Pfanne nun für 10–12 Minuten in den Backofen stellen. Dann die Frühstücksfrittata auf einen Teller gleiten lassen und diese dort mit dem zweiten Esslöffel Schnittlauchringe bestreuen.

Kürbispizza Peperoni-Zwiebel

Nährwerte pro Portion:
Kilokalorien: 570, Fett: 31,5 g, Kohlenhydrate: 31,7 g, Eiweiß: 32,9 g

ZUTATEN FÜR 3 PORTIONEN

1 EL Olivenöl
50 g rote Zwiebel, fein gehackt
1 Knoblauchzehe, fein gehackt
200 g Kirschtomaten, geviertelt
1 EL doppelt konzentriertes Tomatenmark
3 EL zuckerfreier Ketchup
1 TL Oregano oder Pizzagewürz
Salz und Pfeffer

Für den Kürbisboden:
450 g Butternut-Kürbis, geschält, fein geraspelt
3 Eier, Größe M
60 g Emmentaler-Käse, fein gerieben
60 g Haferkleie
Salz und Pfeffer

Für den Belag:
100 g Peperoniwurst, in Scheiben geschnitten (scharfe Salami)
150 g rote Zwiebel, in Ringe geschnitten
75 g Scamorza-Käse (geräucherter Mozzarella), grob gerieben

TIPP

Fleischlos geht hier ganz einfach, denn Sie tauschen einfach die Salami gegen Champignonscheiben aus. Kein Scamorza in Sicht? Kein Problem, dann verwenden Sie einfachen Emmentaler. Der würzige Käse macht sich nämlich auch sehr gut auf der Pizza.

ZUBEREITUNG

Den Backofen auf 180 °C Umluft vorheizen.

Für die Tomatensoße einen Esslöffel Olivenöl erhitzen und die Zwiebelwürfel glasig anbraten. Die gehackte Knoblauchzehe zufügen und kurz mit den Zwiebeln anschwitzen. Dann die Kirschtomaten, das Tomatenmark, das Ketchup und den Oregano zufügen und die Tomatensoße für 15 Minuten bei niedriger Hitze köcheln lassen. Zum Schluss die Tomatensoße noch kräftig mit Salz und Pfeffer abschmecken.

Während die Tomatensoße kocht, alle Zutaten für den Pizzaboden zu einem Kürbisteig verrühren und anschließend dünn auf einem mit Backpapier belegten Blech verteilen. Dann den Kürbispizzaboden für 25–30 Minuten ohne Belag vorbacken.

Anschließend den Kürbisboden aus dem Ofen nehmen und mit dem Backpapier um 180 Grad drehen. Ich lege dazu ein neues Blatt Backpapier auf den Kürbisteig und drehe dann den Teigboden mit beiden Backpapieren mit einem Schwung herum. Dann das obere am Kürbisboden haftende Backpapier vorsichtig abziehen. Den Pizzaboden nun von der Seite nochmal für weitere 5–6 Minuten im Ofen backen.

Den Kürbispizzaboden wieder aus dem Ofen nehmen. Jetzt geht es ans Finish. Dazu die Tomatensoße auf den Kürbispizzaboden streichen und die Peperonischeiben und die Zwiebelringe darauf verteilen. Zum Schluss noch den geriebenen Scamorza-Käse über die Kürbispizza streuen und die komplette Pizza nochmal für 12–15 Minuten backen, bis der Käse geschmolzen ist und Farbe bekommen hat.

Sahniges Kürbisgemüse mit gebratenem Fisch und frischem Dill-Joghurt

Nährwerte pro Portion:
Kilokalorien: 463, Fett: 21,9 g, Kohlenhydrate: 26,7 g, Eiweiß: 38,4 g

ZUTATEN FÜR 4 PORTIONEN

Für das Kürbisgemüse:
1 EL Olivenöl
200 g Gemüsezwiebel, gehackt
900 g Butternut-Kürbis, geschält, grob geraspelt
100 g TK-Erbsen
75 ml überwürzte Gemüsebrühe
120 g Frischkäse
40 g Parmesan, fein gerieben
Salz und Pfeffer

Für den Dill-Joghurt:
150 g Griechischer Joghurt, 10 % Fett
1–2 EL Gurkenwasser, aus einem Glas Gewürzgurken
2 TL Dill, frisch oder TK
Salz und Pfeffer

Für den Fisch:
1 EL Olivenöl
600 g dicke Seelachs-Rückenfilets, mit Salz und Pfeffer gewürzt, in 8 Stücke geschnitten

ZUBEREITUNG

In einem großen Topf einen Esslöffel Olivenöl erhitzen und die Zwiebelwürfel darin glasig anbraten. Dann den geraspelten Butternut-Kürbis und die gefrorenen Erbsen zufügen und alles gemeinsam für 2–3 Minuten braten. Anschließend die Gemüsebrühe zum Gemüse geben und den Topfinhalt für 5–6 Minuten bei geschlossenem Deckel köcheln lassen.

In der Zwischenzeit die Zutaten für den Dill-Joghurt miteinander verrühren und die Creme mit Salz und Pfeffer würzen.

Danach das Gemüse im Topf gut durchmischen und den Frischkäse unterrühren. Dann noch den geriebenen Parmesan unter das Gemüse mischen und alles mit Salz und Pfeffer abschmecken.

Nun noch eine Pfanne mit einem Esslöffel Olivenöl erhitzen und die Seelachsstücke von beiden Seiten für je 2–3 Minuten braten. Die Bratzeit auf die Dicke der Seelachsfilets abstimmen. Bei dünnen Seelachsfilets reicht die Hälfte der Zeit.

TIPP

Tauschen Sie den Seelachs gegen Ihren Lieblingsfisch aus. Ob nun Kabeljau, Rotbarsch oder Lachs, bleibt Ihrem persönlichen Geschmack und Ihrem Geldbeutel überlassen.

Butternut-Feta-Taler

Nährwerte pro Portion:
Kilokalorien: 542, Fett: 32,6 g, Kohlenhydrate: 42,1 g, Eiweiß: 19,6 g

ZUTATEN FÜR 2 PORTIONEN

8 Scheiben Butternut-Kürbis, geschält, ca. 1 cm dick geschnitten (insgesamt um die 700–800 g)
100 g rote Zwiebel, fein gewürfelt
150 g Feta, krümelig gehackt
80 g Tomaten-Pesto
Salz und Pfeffer

ZUBEREITUNG

Den Backofen auf 180 °C Umluft vorheizen.

Die Butternut-Scheiben auf ein mit Backpapier bedecktes Backblech legen und dann für 15 Minuten backen.

Die restlichen Zutaten vorweg mischen und dann auf den vorgebackenen Butternut-Scheiben verteilen. Jetzt die Butternut-Feta-Taler für weitere 20 Minuten im Ofen backen.

TIPP

Mischen Sie zur Abwechslung einige gehackte Sardellen und eine fein gewürfelte rote Chilischote unter die Fetamischung. So kommt richtig Wumms in das Topping.

Röstkürbis mit pikantem Geschnetzelten

Nährwerte pro Portion:
Kilokalorien: 513, Fett: 28,4 g, Kohlenhydrate: 27,0 g, Eiweiß: 35,7 g

ZUTATEN FÜR 3 PORTIONEN

Für den Röstkürbis:
750 g Butternut-Kürbis, geschält, in mundgerechte Stücke schneiden
1 TL rosenscharfer Paprika
1 TL Currypulver
25 ml Olivenöl
Salz und Pfeffer

Für das Geschnetzelte:
1 EL Olivenöl
350 g Hähnchenbrust, in Geschnetzeltes geschnitten
1–2 TL rote Currypaste (nach Geschmack zufügen)
250 g Champignons, geviertelt
400 g Kirschtomaten, geviertelt
100 g Frischkäse
2 EL Basilikum-Pesto
Salz und Pfeffer

ZUBEREITUNG

Den Backofen auf 180 °C Umluft vorheizen.

Die Kürbisstücke mit dem Paprikapulver, Currypulver und Salz und Pfeffer würzen und das Olivenöl untermischen. Die Kürbisstücke in eine Ofenform füllen und dann für 25 Minuten im Ofen backen.

In der Zwischenzeit in einem Topf einen Esslöffel Olivenöl erhitzen. Die Hähnchenstreifen darin anbraten, dabei salzen und pfeffern und dann nach 2–3 Minuten aus dem Topf nehmen. Im verbleibenden Fett die rote Currypaste kurz anschwitzen und dann die Champignons kurz im Topf rösten. Die Kirschtomaten hinzufügen und alles gemeinsam für 10 Minuten köcheln lassen.

Anschließend die gebratenen Hähnchenstreifen, den Frischkäse und das Basilikum-Pesto zufügen und das Gericht für weitere 5 Minuten kochen lassen.

Abschließend das fertige Essen mit Salz und Pfeffer abschmecken und die pikante Pfanne gemeinsam mit den im Ofen gerösteten Kürbisstücken anrichten.

TIPP

Tomatiger wird die würzige Hähnchenpfanne, wenn Sie das Basilikum-Pesto durch ein Tomaten-Pesto ersetzen.

Kürbis-Poutine mit Champignonsoße

Nährwerte pro Portion:
Kilokalorien: 443, Fett: 25,1 g, Kohlenhydrate: 32,3 g, Eiweiß: 20,8 g

ZUTATEN FÜR 4 PORTIONEN

Für die Kürbis-Poutine:
1,25 kg Butternut-Kürbis, geschält, in Pommes geschnitten
1 TL edelsüßes Paprikapulver
½ TL Currypulver
2 EL Olivenöl
80 g Cheddar-Käse, grob gerieben
Salz und Pfeffer

Für die Champignonsoße:
1 EL Olivenöl
500 g Champignons, in Scheiben geschnitten
15 g Butterschmalz
125 g Gemüsezwiebel, gehackt
125 g Lauch, in feine Ringe geschnitten
2 EL doppelt konzentriertes Tomatenmark
1 TL Zuckerersatz
3 EL helle Sojasoße
¼ TL gemahlener Kümmel
500 ml Rinder-Knochenbrühe bzw. Rinderfond, alternativ Gemüsebrühe
50 g Frischkäse
Salz und Pfeffer

TIPP
Außerhalb der Kürbiszeit sind Süßkartoffeln eine tolle Alternative für die leckeren Poutine.

ZUBEREITUNG

Den Backofen auf 180 °C Umluft vorheizen.

Die Kürbispommes in einer großen Schüssel mit dem Paprikapulver, dem Currypulver und dem Olivenöl mischen. Dann salzen und etwas Pfeffer untermischen und die Pommes auf einem mit Backpapier belegten Blech verteilen. So für 15 Minuten im Ofen backen.

In der Zwischenzeit in einem Topf einen Esslöffel Olivenöl erhitzen und die Champignonscheiben für 2–3 Minuten braten. Dann diese aus dem Topf nehmen und in einer Schüssel zwischenlagern.

Im gleichen Topf nun einen Esslöffel Butterschmalz erhitzen und die Gemüsezwiebelwürfel und die Lauchringe für 4–5 Minuten anbraten. Beides soll ruhig etwas Farbe bekommen, denn die Röstaromen tun dem Geschmack der Soße gut. Dazu braucht es etwas mehr Hitze, daher hier lieber Butterschmalz verwenden statt Olivenöl.

Anschließend das Tomatenmark untermischen und dieses kurz mit dem Gemüse anrösten. Nun den Zuckerersatz, die Sojasoße und den gemahlenen Kümmel untermischen. Die Mischung im Topf mit der Knochenbrühe/Rinderfond/Gemüsebrühe ablöschen und dann die Soßenbasis für 15 Minuten kochen lassen.

Während die Soße kocht, die Kürbispommes aus dem Ofen nehmen und diese mit dem geriebenen Cheddar-Käse bestreuen. Zurück in den Ofen mit dem Pommesblech für weitere 15 Minuten.

Wenn die Kochzeit der Soße um ist, dann diese mit dem Pürierstab sämig zerkleinern. Jetzt noch die gebratenen Champignonscheiben in die heiße Soße geben und den Frischkäse unterrühren. Die fertige Champignonsoße mit Salz und Pfeffer abschmecken und am Ende die käsigen Kürbispommes mit der würzigen Soße anrichten.

Strammer Kürbis-Max

Nährwerte pro Portion:
Kilokalorien: 497, Fett: 28,5 g, Kohlenhydrate: 33,1 g, Eiweiß: 26,7 g

ZUTATEN FÜR 2 PORTIONEN

8 Scheiben Butternut-Kürbis, geschält, ca. 1 cm dick geschnitten (insgesamt um die 700–800 g)
2 EL Olivenöl
4 große Scheiben gekochter Schinken (zusammen 150 g)
4 Eier, Größe M
Salz und Pfeffer

TIPP

Für das Rezept braucht es einen Butternut-Kürbis mit richtig dickem Hals, damit die Scheiben auch genug Durchmesser haben.

ZUBEREITUNG

Den Backofen auf 180 °C Umluft vorheizen.

Die Kürbisscheiben von beiden Seiten mit einem Esslöffel Olivenöl bepinseln und dann nebeneinander auf ein mit Backpapier bedecktes Backblech legen. Die Kürbisscheiben mit Salz und Pfeffer bestreuen und anschließend für 20 Minuten im Ofen backen. Danach das Blech aus dem Backofen nehmen und jeweils 2 Scheiben Kürbis leicht überlappend zusammenlegen. Darauf je eine Scheibe umgeschlagenen Kochschinken legen. Anschließend Kürbis und Schinken im Ofen weitere 5 Minuten backen.

In der Zwischenzeit die 4 Eier in einer Pfanne mit Olivenöl zu Spiegeleiern braten. Das Eigelb nicht komplett durchbraten, damit es beim Zerschneiden noch schön verläuft.

Den Kürbis-Schinken-Untergrund aus dem Ofen nehmen, die 4 Spiegeleier darauflegen und final nochmal mit Salz und Pfeffer bestreuen.

Superschnelle Frischkäse-Pesto-Paprika

Nährwerte pro Portion:
Kilokalorien: 602, Fett: 46,6 g, Kohlenhydrate: 23,2 g, Eiweiß: 19,6 g

ZUTATEN FÜR 2 PORTIONEN

125 g Frischkäse
50 g Tomaten-Pesto
80 g Cheddar-Käse, grob gerieben
1 EL Olivenöl
3 rote Paprika, jeweils in 3 oder 4 Schalen geschnitten
1 orangene Paprika, in 3 oder 4 Schalen geschnitten
Salz und Pfeffer

TIPP

Mit einem milden Ziegenfrischkäse und einem Bärlauch-Pesto entsteht eine herrliche Frühlingsvariante.

ZUBEREITUNG

Den Frischkäse mit dem Tomaten-Pesto und dem Cheddar-Käse verrühren und die Mischung nochmal mit Salz und Pfeffer würzen.

Eine große Pfanne mit hohem Rand und vorhandenem Deckel erhitzen. Einen Esslöffel Olivenöl und die Paprikaschalen hineingeben und diese für 3–4 Minuten braten. Dann die Paprikaschalen so drehen, dass die Hautseite nach unten liegt.

In die Paprikaschalen jeweils etwas von der Frischkäsemischung füllen, bis die Masse komplett aufgebraucht ist. Danach den Topfdeckel schließen und die gefüllten Paprikaschalen für 8–9 Minuten bei mittlerer Hitzezufuhr garen lassen.

Selleriepizza Harissa-Paprika

Nährwerte pro Portion:
Kilokalorien: 513, Fett: 30,9 g, Kohlenhydrate: 23,2 g, Eiweiß: 28,0 g

ZUTATEN FÜR 3 PORTIONEN

Für den Belag:
400 g rote, gelbe und grüne Paprikastreifen
1 EL Olivenöl
75 g Emmentaler-Käse, grob gerieben

Für die Tomatensoße:
1 EL Olivenöl
30 g rote Zwiebel, gehackt
1 Knoblauchzehe, fein gehackt
200 g Kirschtomaten, geviertelt
1 EL doppelt konzentriertes Tomatenmark
3 EL zuckerfreier Ketchup
1 TL Harissa-Gewürzpaste (gibt es im Supermarkt bei den Zutaten aus aller Herren Länder)
Salz und Pfeffer

Für den Sellerieboden:
450 g Knollensellerie, fein geraspelt
3 Eier, Größe M
60 g Emmentaler-Käse, fein gerieben
50 g Haferkleie
Salz und Pfeffer

ZUBEREITUNG

Den Backofen auf 180 °C Umluft vorheizen.

Die Paprikastreifen mit einem Esslöffel Olivenöl mischen und dann auf einem Backblech für 15 Minuten backen.

In der Zwischenzeit für die Tomatensoße einen Esslöffel Olivenöl erhitzen und die Zwiebelwürfel glasig anbraten. Die gehackte Knoblauchzehe zufügen und diese kurz anschwitzen. Die Kirschtomaten, das Tomatenmark, den zuckerfreien Ketchup und die Harissa-Gewürzpaste zufügen und die Soße für 15 Minuten abgedeckt bei niedriger Hitze köcheln lassen. Dann die dicke Tomatensoße noch kräftig mit Salz und Pfeffer abschmecken.

Während die Tomatensoße kocht, die Zutaten für den Sellerieteig anrühren und diesen dünn auf einem mit Backpapier belegten Blech verteilen. Wenn die Paprikastreifen aus dem Ofen kommen, dann den Selleriepizzaboden für 25–30 Minuten backen.

Anschließend den Sellerieboden aus dem Ofen nehmen und diesen um 180 Grad drehen, das Backpapier abziehen und den Pizzaboden so für weitere 5–6 Minuten in den Ofen schieben und backen.

Danach den Pizzaboden aus dem Ofen nehmen und nun die Harissa-Tomatensoße auf den Selleriepizzaboden streichen und darauf die Paprikastreifen verteilen. Jetzt noch den geriebenen Emmentaler über die Sellerie-Paprika-Pizza streuen und die komplette Pizza nochmal für 12–15 Minuten im Ofen backen.

TIPP

Wenn Sie es scharf mögen, dann können Sie die Tomatensoße auch wunderbar mit Sriracha-Soße bis zur persönlichen Schmerzgrenze schärfen.

Überbackene Paprika-Steckrübenpfanne

Nährwerte pro Portion:
Kilokalorien: 408, Fett: 22,4 g, Kohlenhydrate: 23,1 g, Eiweiß: 26,0 g

ZUTATEN FÜR 4 PORTIONEN

1 kg Steckrübe, geschält, in mundgerechte Stücke geschnitten
500 ml Gemüsebrühe
1 EL Olivenöl
150 g rote Zwiebel, in Streifen geschnitten
200 g rote Paprika, in mundgerechte Stücke geschnitten
150 g grüne Paprika, in mundgerechte Stücke geschnitten
50 g Ajvar, scharf oder mild, nach Geschmack
75 g Frischkäse
1 TL getrockneter Thymian
1 TL getrockneter Oregano
300 g gekochter Schinken, in Scheiben, in Streifen geschnitten
200 g Kirschtomaten, geviertelt
75 g Manchego-Käse, grob gerieben
Salz und Pfeffer

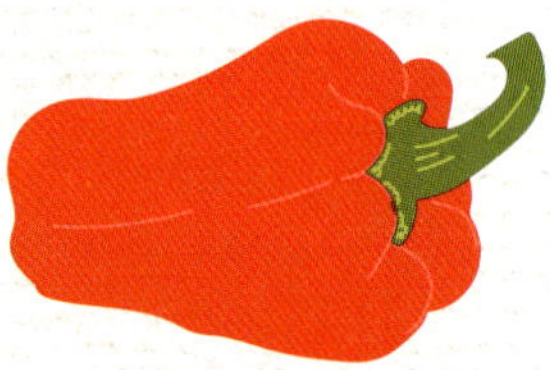

ZUBEREITUNG

Den Backofen auf 180 °C Umluft vorheizen.

Die Steckrübenstücke in der Gemüsebrühe für 8–10 Minuten kochen, bis diese bissfest sind. Dann in einem Küchensieb abgießen.

Eine große hohe ofenfähige Pfanne auf mittlere Hitze erwärmen und im Olivenöl die Zwiebelringe für 3–4 Minuten anbraten. Dann die Steckrübenstücke zufügen und diese für weitere 3–4 Minuten gemeinsam mit den Zwiebeln braten. Danach die roten und grünen Paprikastücke untermischen.

Wenn alles gut heiß ist, dann das Ajvar, den Frischkäse und die getrockneten Kräuter unterrühren. Das Gericht mit Salz und Pfeffer abschmecken. Wer keine ofenfähige große Pfanne besitzt, kann die Mischung an diesem Punkt auch in eine Auflaufform umfüllen.

Anschließend die Schinkenstreifen über der Gemüsemischung verteilen und darüber die geviertelten Kirschtomaten geben. Jetzt noch die bunte Pfanne mit dem Manchego-Käse bestreuen und diese für 20 Minuten in den Backofen stellen.

TIPP

Steckrübe, auch bekannt als Kohlrübe, ist ein wunderbares und saisonal preisgünstiges Wintergemüse. Außerhalb der Saison können Sie auch prima Kohlrabi, Kürbis oder Karotten für das Rezept verwenden.

Cremige Paprika-Linsen-Lasagne

Nährwerte pro Portion:
Kilokalorien: 503, Fett: 30,7 g, Kohlenhydrate: 23,8 g, Eiweiß: 27,7 g

ZUTATEN FÜR 4 PORTIONEN

Für die Lasagneplatten:
125 g fettarmer Mozzarella, in kleine Stücke geschnitten
3 Eier, Größe M
25 ml Olivenöl
15 g Flohsamenschalen
Salz und Pfeffer

Für die Paprika-Linsensoße:
50 g rote Zwiebel, fein gehackt
1 EL Olivenöl
1 Knoblauchzehe, fein gehackt
400 g gehackte Tomaten, aus der Dose
100 ml zuckerfreier Ketchup
80 g Ajvar, scharf oder mild, nach Geschmack
80 g rote Linsen
150 g rote Paprika, in kleine Würfel geschnitten
150 g orangene Paprika, in kleine Würfel geschnitten
2 TL getrockneter Oregano
80 g Frischkäse
Salz und Pfeffer

Zum Überbacken:
125 g vollfetter Mozzarella, in kleine Würfel geschnitten
25 g Parmesan, fein gerieben

TIPP

Wenn Sie die Lasagneplatten nicht selbst machen wollen, dann greifen Sie zu einer fertigen Alternative aus dem Supermarkt.

ZUBEREITUNG

Den Backofen auf 180 °C Umluft vorheizen.

Die Mozzarellawürfel mit den Eiern und dem Olivenöl gemeinsam pürieren. Das Salz und Pfeffer und die Flohsamenschalen unterrühren. Die Masse auf ein mit Backpapier belegtes Blech geben und über die ganze Fläche dünn ausstreichen. Die Lasagneplatte für 8–9 Minuten backen. Das Blech nach der Backzeit aus dem Ofen nehmen und die große Nudelplatte mit dem Backpapier einmal um 180 Grad drehen und das Backpapier abziehen. Nun mit einem scharfen Messer oder einem Pizzaroller in vier gleich große Lasagneplatten schneiden.

Für die Tomatensoße einen Topf erhitzen und die Zwiebelwürfel in Olivenöl glasig dünsten. Die gehackte Knoblauchzehe hinzufügen und kurz mit anschwitzen. Mit den gehackten Dosentomaten, dem zuckerfreien Ketchup und dem Ajvar ablöschen. Die roten Linsen unterrühren und die Soße für 15 Minuten köcheln lassen. Nun die Paprikastücke und den Oregano untermischen und die Soße für weitere 10 Minuten kochen lassen. Dann noch den Frischkäse unterrühren. Die cremige Soße mit Salz und Pfeffer abschmecken.

In eine Auflaufform etwas von der Paprika-Linsensoße geben. Dann die erste der 4 Lasagneplatten in die Auflaufform legen. Darauf wieder von der Soße verteilen und dann die nächste Lasagneplatte darauflegen. So fortfahren, bis die Lasagneplatten alle aufgebraucht. Auf die oberste Lasagneplatte kommt der Rest der Soße. Zum Schluss noch die Lasagne mit der Mischung aus Parmesan und Mozzarella bestreuen. Die Lasagne dann für 20 Minuten in den Ofen stellen zum Überbacken.

Überbackene Paprika-Blumenkohlreispfanne mit herzhaften Frikadellen

Nährwerte pro Portion:
Kilokalorien: 533, Fett: 30,9 g, Kohlenhydrate: 19,8 g, Eiweiß: 39,4 g

ZUTATEN FÜR 4 PORTIONEN

Für die würzige Paprika-Blumenkohlreispfanne:
850 g Blumenkohl, grob geraspelt
250 g rote Zwiebel, gehackt
400 g rote, gelbe und grüne Paprika, in kleine Würfel geschnitten
2 EL Ajvar, scharf oder mild, nach Geschmack
1 TL mittelscharfer Senf
75 g Schmand, 24 % Fett
Salz und Pfeffer

Für die herzhaften Frikadellen:
400 g mageres Rinderhackfleisch
1 Ei, Größe L
1 TL mittelscharfer Senf
15 g Haferkleie
2 TL Zwiebelgranulat (aus dem Gewürzregal)
1 TL getrockneter Majoran
½ TL gemahlener Kümmel
Salz und Pfeffer
1 EL Olivenöl, zum Braten der Frikadellen

Zum Überbacken:
80 g gekochter Schinken, in schmale Streifen geschnitten
80 g Emmentaler-Käse, grob gerieben

TIPP

Als vegetarische Variante schmeckt das Gemüse aus dem Ofen auch ohne Frikadellen und Schinken. Damit das fleischlose Rezept etwas sättigender wird, empfehle ich, eine Dose Kidneybohnen unter das Gemüse zu mischen.

ZUBEREITUNG

Den Backofen auf 180 °C Umluft vorheizen.

Den geraspelten Blumenkohl mit den Zwiebelwürfeln und den Paprikastücken in eine große Ofenform füllen oder auf einem tiefen Backblech verteilen und das Gemüse im Ofen für 25 Minuten rösten. Zwischendurch mischen, damit das Gemüse gleichmäßig gart.

In der Zwischenzeit die Zutaten für die Frikadellen zu einem Fleischteig verrühren und daraus 8 kleine Frikadellen formen. Diese dann in einem Esslöffel Olivenöl von jeder Seite für 2–3 Minuten braten.

Das fertig geröstete Ofengemüse nun in eine passend große Auflaufform umfüllen. Das Ajvar mit dem Senf und dem Schmand verrühren und diese Creme im heißen Gemüse verteilen. Die Gemüsemischung nochmal kräftig mit Salz und Pfeffer abschmecken.

Dann die gebratenen Frikadellen auf das Gemüsebett legen. Darüber die Schinkenstreifen verteilen und alles final noch mit dem geriebenen Emmentaler bestreuen. Nun die gefüllte Ofenform für 12 Minuten im Ofen überbacken.

Spitzkohl-Fideuà mit Chorizo

Nährwerte pro Portion:
Kilokalorien: 498, Fett: 32,7 g, Kohlenhydrate: 17,8 g, Eiweiß: 31,8 g

ZUTATEN FÜR 4 PORTIONEN

330 g Chorizo-Grillwürste, in Scheiben geschnitten
250 g Gemüsezwiebel, gehackt
2 Knoblauchzehen, fein gehackt
250 g rote Spitzpaprika, gewürfelt
150 g TK-Erbsen
150 g Kirschtomaten, halbiert
650 g Spitzkohl, ohne Strunk, in Streifen geschnitten
250 g Champignons, geviertelt
1 TL edelsüßes Paprikapulver
1 TL rosenscharfes Paprikapulver
1 Msp. gemahlener Safran
1 TL Gemüsebrühepulver
2 TL Zitronensaft, frisch gepresst
1 EL frische Petersilie, gehackt
Salz und Pfeffer

ZUBEREITUNG

Einen Topf erhitzen und die Chorizoscheiben für 2–3 Minuten braten. Dann die Wurstscheiben aus dem Topf nehmen.

Im Bratfett der Würste die Zwiebelwürfel für 2–3 Minuten glasig anbraten, am Ende noch die gehackten Knoblauchzehen untermischen. Anschließend das komplette Gemüse und die geviertelten Champignons zufügen und alles zusammen für 3–4 Minuten braten.

Danach die beiden Paprikapulver, den Safran, das Gemüsebrühepulver und den Zitronensaft unterrühren und das Gericht mit Salz und Pfeffer würzen. Die Gemüsepfanne nun für 1–2 Minuten köcheln lassen.

Zum Schluss noch die gebratenen Chorizoscheiben und die Petersilie untermischen und das würzige Essen mit Salz und Pfeffer abschmecken.

TIPP

Die Chorizo-Grillwürste gibt es während in der Grillsaison im Supermarkt. Alternativ können Sie auch Rinderhack mit Ajvar, Paprikapulver, Chili, Kreuzkümmel, Salz und Pfeffer kräftig würzen. Aus dem Fleischteig kleine Meatballs rollen und diese statt der Chorizo anbraten.

Ofengemüse Mediterrano

Nährwerte pro Portion:
Kilokalorien: 599, Fett: 39,6 g, Kohlenhydrate: 28,3 g, Eiweiß: 30,2 g

ZUTATEN FÜR 4 PORTIONEN

Für das Ofengemüse:
300 g Aubergine, in Würfel geschnitten
2 EL Olivenöl
300 g Süßkartoffel, in Würfel geschnitten
150 g rote Paprika, in mundgerechte Stücke geschnitten
150 g orangene Paprika, in mundgerechte Stücke geschnitten
150 g rote Zwiebel, geviertelt und zerteilt
Salz und Pfeffer

Für das Topping:
400 g mageres Rinderhackfleisch, oder ein Hackersatz
1 EL Olivenöl
2 TL rosenscharfes Paprikapulver
1 TL gemahlener Kreuzkümmel
2 TL getrockneter Oregano
2 TL getrockneter Thymian
40 g Tomaten-Pesto
120 g pikant eingelegte grüne Oliven, grob gehackt
200 g Kirschtomaten geviertelt
75 g Manchego-Käse, grob gerieben, zum Überbacken
Salz und Pfeffer

TIPP

Tomaten-Pesto ist ein tolles und praktisches Produkt. Schauen Sie im Supermarkt auf das Kleingedruckte und wählen Sie ein Produkt mit nativem Olivenöl und achten Sie auf enthaltenen Parmesan und Pinienkerne.

ZUBEREITUNG

Den Backofen auf 180 °C Umluft vorheizen.

Die Auberginenstücke mit den beiden Esslöffel Olivenöl in einer Schüssel mischen. Dann das restliche Gemüse zufügen und vermengen. Mit Salz und Pfeffer würzen und anschließend auf einem Backblech mit Papier verteilen. In den Backofen schieben und für 20 Minuten backen.

In der Zwischenzeit das Hackfleisch in einem Esslöffel Olivenöl krümelig braten. Die Gewürze untermischen und dann das Tomaten-Pesto und die gehackten Oliven dazugeben. Die Hackpfanne mit Salz und Pfeffer abschmecken und zum Schluss noch die Kirschtomaten hinzufügen.

Das gebackene Gemüse auf dem Blech in der Mitte zusammenschieben, damit nur noch etwa die Hälfte des Bleches bedeckt ist. Darüber die Hackmischung verteilen und dann alles mit dem Manchego-Käse bestreuen. Für 15 Minuten erneut in den Ofen schieben zum Überbacken.

Gebackene Feta-Paprika-Tomaten-Linsenspaghetti

Nährwerte pro Portion:
Kilokalorien: 508, Fett: 20,8 g, Kohlenhydrate: 44,5 g, Eiweiß: 29,4 g

ZUTATEN FÜR 4 PORTIONEN

600 g Kirschtomaten
375 g Paprika (rot-gelb-orange), in Streifen geschnitten
2 EL Olivenöl
200 g Feta, in 4 grobe Stücke zerteilt
300 g rote Linsenspaghetti
2 TL Thymian, frisch oder getrocknet
Salz und Pfeffer

ZUBEREITUNG

Den Backofen auf 180 °C Umluft vorheizen.

Die Kirschtomaten und die Paprikastreifen in eine Ofenform füllen und die beiden Esslöffel Olivenöl und Salz und Pfeffer untermischen. Dann die Fetastücke mit in die Ofenschale legen und das Gemüse und den Käse für 25 Minuten backen.

In der Zwischenzeit die Linsenspaghetti nach Packungsangabe kochen und in einem Küchensieb abgießen.

Wenn das Feta-Ofengemüse soweit ist, dann dieses aus dem Backofen holen. Den Thymian über dem Gemüse verteilen und anschließend alles so lange durchrühren, bis sich der Feta cremig verteilt hat. Nun noch die vorgekochten Linsennudeln unterrühren und das Essen final mit Salz und Pfeffer abschmecken.

TIPP

Probieren Sie doch mal statt der Paprika aromatische Fenchelknolle aus und schneiden oder hobeln Sie diese in dünne Streifen.

Puten-Spargel-Frikassee

Nährwerte pro Portion:
Kilokalorien: 428, Fett: 20,6 g, Kohlenhydrate: 17,3 g, Eiweiß: 38,3 g

ZUTATEN FÜR 3 PORTIONEN

400 g Putenkeulenfleisch am Stück, ohne Haut und Knochen
1 TL Gemüsebrühepulver
2 TL Bio-Hühnerbrühepulver (ohne Geschmacksverstärker)
1 EL Olivenöl
75 g rote Zwiebel, fein gehackt
750 g weißer Spargel, geschält und in mundgerechte Stücke geschnitten
400 g grüner Spargel, geputzt und in mundgerechte Stücke geschnitten
150 g Karotte, in kleine Stücke geschnitten
100 g TK-Erbsen
100 ml Sahne
1–2 TL Currypulver (nach Geschmack zufügen)
½ TL Johannisbrotkernmehl, für die Bindung
Salz und Pfeffer

TIPP

Dieses leckere Frikassee schmeckt auch wunderbar mit Kohlrabi und Karotten, denn nicht jeder Tag ist ein Spargeltag.

ZUBEREITUNG

Das Putenkeulenfleisch in einen kleinen Topf geben, wo das gerade eben reinpasst. Den Topf mit Wasser füllen bis das Fleisch bedeckt ist. Auf dem Herd erhitzen, das Gemüsebrühe- und das Hühnerbrühepulver einrühren und das Fleisch dann für 60 Minuten kochen lassen. Anschließend das Fleisch aus der Brühe nehmen, lauwarm klein schneiden und zur Seite stellen.

In einem Esslöffel Olivenöl die Zwiebelwürfel glasig anbraten. Dann das komplette Gemüse hinzugeben und für 2–3 Minuten braten. Etwa 400 ml der Garflüssigkeit vom Putenfleisch hinzugeben. Das Gemüse für 8–12 Minuten garen lassen. Die Zeitdauer hängt etwas von der Dicke der Spargelstangen ab.

Dann die 100 ml Sahne hinzufügen und das Currypulver unterrühren. Danach das Johannisbrotkernmehl mit einem Schneebesen einrühren. Anschließend das gekochte Putenfleisch zum Currygemüse geben und warmziehen lassen. Das Puten-Spargel-Frikassee final mit Salz und Pfeffer abschmecken.

Rucola-Spargel-Blumisotto

Nährwerte pro Portion:
Kilokalorien: 490, Fett: 36,0 g, Kohlenhydrate: 12,2 g, Eiweiß: 24,5 g

ZUTATEN FÜR 3 PORTIONEN

1 EL Olivenöl
85 g Schalotten, gehackt
950 g Blumenkohl, grob geraspelt
350 g grüner Spargel, geputzt und in mundgerechte Stücke geschnitten
125 g Ziegenkäse mit Bockshornklee, klein geschnitten
100 g Ziegenfrischkäse
150 g reife Avocado, ohne Schale, in kleine Stücke geschnitten
50 g Rucola
Salz und Pfeffer

ZUBEREITUNG

Einen größeren Topf auf mittlere Hitze erwärmen und im Olivenöl die Schalottenwürfel glasig andünsten. Den geraspelten Blumenkohl und die Spargelstücke hinzufügen. Das Gemüse mit Salz und Pfeffer würzen und dann mit geschlossenem Topfdeckel für 8–10 Minuten garen lassen. Zwischendurch mischen, damit das Gemüse gleichmäßig gart.

Anschließend den Bockshornklee-Ziegenkäse und den Ziegenfrischkäse hinzufügen und beides unter Rühren im Gemüse schmelzen lassen. Dann die Avocadowürfel dazugeben. Alles gut vermengen und mit Salz und Pfeffer abschmecken. Den Herd ausschalten und nun noch den frischen Rucola unterheben.

TIPP

Wer den Geschmack von Ziege nicht mag, nimmt einfach Cheddar-Käse und kombiniert einen Kräuterfrischkäse dazu.

Baked Tomaten-Feta mit Spargel

Nährwerte pro Portion:
Kilokalorien: 402, Fett: 28,9 g, Kohlenhydrate: 12,3 g, Eiweiß: 19,0 g

ZUTATEN FÜR 2 PORTIONEN

300 g Kirschtomaten
125 g Feta, in 2 Stücke zerteilt
2 EL Olivenöl
800 g weißer Spargel, geschält, jede Stange in 3 Stücke geschnitten
1 TL Zuckerersatz
20 g frische Basilikumblätter
Salz und Pfeffer

ZUBEREITUNG

Den Backofen auf 180 °C Umluft vorheizen.

Die Kirschtomaten und die Fetastücke in eine Ofenform füllen. Zwei Esslöffel Olivenöl über beidem verteilen und alles mit Salz und Pfeffer würzen. Dann für 25 Minuten im Ofen backen.

In der Zwischenzeit den Spargel in etwas Wasser mit Salz und dem Zuckerersatz für 8–9 Minuten bissfest garen und anschließend in einem Küchensieb abgießen.

Wenn die Tomaten und der Feta soweit sind, dann die Ofenform aus dem Backofen holen. Nun alles durchrühren, bis sich der Feta cremig verteilt hat. Dann die Spargelstücke und das Basilikum unterheben und das Essen final mit Salz und Pfeffer abschmecken

TIPP

Wenn Ihnen Feta zu geschmacksintensiv ist, können Sie auch gerne Frischkäse mit in die Ofenform geben und diesen mit den Kirschtomaten verrühren.

Spargel-Hackpfanne mit Schummel-Hollandaise

Nährwerte pro Portion:
Kilokalorien: 451, Fett: 30,5 g, Kohlenhydrate: 11,3 g, Eiweiß: 29,1 g

ZUTATEN FÜR 4 PORTIONEN

1,6 kg weißer Spargel, geschält in mundgerechte Stücke geschnitten
1 TL Zuckerersatz
10 g Butter
1 EL Olivenöl
200 g Gemüsezwiebel, gehackt
400 g mageres Rinderhackfleisch (alternativ vegetarischer Hackersatz)
2 TL Majoran, frisch oder getrocknet
Salz und Pfeffer

Für die Schummel-Hollandaise:
50 g Mayonnaise, 80 % Fett
100 g Saure Sahne, 10 % Fett
1 TL heller Balsamico-Essig oder Zitronensaft
1 TL mittelscharfer Senf
2 TL helle Sojasoße
½ TL Zuckerersatz
¼ TL edelsüßes Paprikapulver
Salz und Pfeffer

ZUBEREITUNG

Die Spargelstücke in Wasser mit Salz, Zuckerersatz und Butter für 6–8 Minuten bissfest garen. Die Garzeit hängt von der Dicke des Spargels ab. Dann in einem Küchensieb abgießen.

Einen großen Topf erhitzen und in einem Esslöffel Olivenöl die Gemüsezwiebelwürfel glasig braten. Dann das Rinderhackfleisch zufügen und krümelig braten. Den Majoran untermischen und die Hackmischung mit Salz und Pfeffer würzen.

Nun die gekochten Spargelstücke zum Hackfleisch geben und diese warmziehen lassen.

Die Zutaten für die falsche Hollandaise vorweg mit einem Schneebesen verrühren und dann zur Spargel-Hackpfanne geben. Unter Rühren warmwerden lassen. Die Soße soll nicht zu heiß werden, also bitte nicht mehr kochen lassen. Final mit Salz und Pfeffer würzen.

TIPP

Die Schummel-Hollandaise passt auch super zu anderen Gemüsesorten, egal ob Brokkoli, Blumenkohl oder Kohlrabi. Kein Gerinnen, gelingt immer und schmeckt.

Spargel Hackonara

Nährwerte pro Portion:
Kilokalorien: 597, Fett: 46,2 g, Kohlenhydrate: 7,8 g, Eiweiß: 34,8 g

ZUTATEN FÜR 2 PORTIONEN

2 EL Olivenöl
1,2 kg weißer Spargel, geschält in 4–5 cm lange Stücke geschnitten
Salz und etwas Zuckerersatz
50 ml Wasser
400 g mageres Rinderhackfleisch (alternativ vegetarischer Hackersatz)
2 TL edelsüßes Paprikapulver
2 TL Majoran, frisch oder getrocknet
200 ml Sahne
3 Eigelbe, Größe L
80 g junger Gouda-Käse, grob gerieben
Salz und Pfeffer

TIPP

Eine Hackonara können Sie auch mit jedem anderen Gemüse machen, was Ihnen in den Sinn kommt. Egal ob Kohlrabi, Karotten, Paprika oder Kürbis, verwenden Sie, was die Saison Ihnen gerade bietet.

ZUBEREITUNG

Den Backofen auf 180 °C Umluft vorheizen.

Einen Esslöffel Olivenöl in einem mittelgroßen Topf erhitzen und die Spargelstücke kurz anbraten. Das Gemüse mit etwas Salz und Zuckerersatz würzen. Dann die 50 ml Wasser in den Topf geben und die Spargelstücke mit geschlossenem Deckel für 8–12 Minuten köcheln lassen. Bei der Zeitdauer je nach Dicke des Spargels ab und zu geben. Anschließend die Spargelstücke in einem Küchensieb abtropfen lassen.

In der Zwischenzeit in dem gleichen Topf einen weiteren Esslöffel Olivenöl erhitzen und das Rinderhackfleisch krümelig braten. Das edelsüße Paprikapulver und den Majoran untermischen und das gebratene Hack kräftig mit Salz und Pfeffer würzen.

Den vorbereiteten Spargel in eine passend große Auflaufform umfüllen und die Hackmischung darüber verteilen. Dann die Sahne mit den Eigelben verquirlen und die Mischung mit Salz und Pfeffer würzen. Anschließend die Eier-Sahne über dem Spargel-Hack-Auflauf verteilen und diesen noch mit dem geriebenen Gouda bestreuen.

Nun die Spargel Hackonara für 20 Minuten im Ofen backen, bis die Eiersahne gestockt und der Käse goldgelb zerlaufen ist.

Fruchtiger Spargelsalat mit Hähnchen

Nährwerte pro Portion:
Kilokalorien: 455, Fett: 24,4 g, Kohlenhydrate: 16,5 g, Eiweiß: 39,7 g

ZUTATEN FÜR 3 PORTIONEN

400 g Hähnchenbrustfilet, in Minutenschnitzel geschnitten
600 ml Gemüsebrühe
1,2 kg Spargel, geschält, in mundgerechte Stücke geschnitten
Etwas Butter
1 TL Zuckerersatz
150 g ungezuckerte Mandarinenstücke, aus der Dose, abgetropft
25 g Schnittlauch, in Röllchen geschnitten

Für das Salatdressing:
150 g Saure Sahne, 10 % Fett
60 g Mayonnaise
1 TL heller Balsamico-Essig
1 TL Currypulver
2 TL Sahne-Meerrettich
Salz und Pfeffer

TIPP

Wenn Sie statt der Mandarinenstücke auf Ananas aus der Dose setzen, so bekommt der leckere Salat einen wunderbar exotischen Einschlag, der mit einigen Kokosraspeln abgerundet werden kann.

ZUBEREITUNG

In einem Topf die Hähnchenschnitzel in der Gemüsebrühe für 12–15 Minuten leicht sieden lassen. Dann das Fleisch aus der Brühe nehmen und abgekühlt in Streifen schneiden.

In die heiße Brühe die Spargelstücke geben und die Butter und den Zuckerersatz zufügen. Für 10 Minuten köcheln lassen und dann die Spargelstücke in einem Sieb abgießen und abkühlen lassen.

Die Hähnchenstreifen mit dem abgekühlten Spargel, den Mandarinenstücken und den Schnittlauchröllchen in eine Schüssel geben. Die Zutaten für das Salatdressing mischen und unter den Salat heben. Den Salat für 2–3 Stunden im Kühlschrank ziehen lassen. Dann das Wasser, was sich leicht absetzt, vorsichtig abgießen und anschließend den Salat durchmischen und nochmal mit Salz und Pfeffer abschmecken.

Tomatige Lachs-Spargelpfanne

Nährwerte pro Portion:
Kilokalorien: 507, Fett: 33,7 g, Kohlenhydrate: 12,9 g, Eiweiß: 35,6 g

ZUTATEN FÜR 3 PORTIONEN

375 g Lachsfilet, in mundgerechte Stücke geschnitten, mit Salz und Pfeffer gewürzt
1 EL Olivenöl
1,3 kg Spargel, weiß, geschält, in mundgerechte Stücke geschnitten
400 g Kirschtomaten, geviertelt
1 TL Zuckerersatz
125 g Kräuterfrischkäse
3 TL Dill, frisch oder TK
Salz und Pfeffer

ZUBEREITUNG

In einer größeren hohen Pfanne, für die es auch einen Deckel gibt, die Lachsstücke für 3–4 Minuten in einem Esslöffel Olivenöl braten. Hängt etwas von der Dicke ab. Dabei auch vorsichtig drehen, damit beide Seiten gebacken werden. Danach den Fisch aus der Pfanne nehmen.

Im Bratfett vom Lachs die Spargelstücke für 2–3 Minuten braten. Dann die Kirschtomaten und den Zuckerersatz zufügen und alles gemeinsam für 10–15 Minuten bei geschlossenem Deckel garen lassen. Die Dauer hängt von der Dicke des Spargels ab. Anschließend den Kräuterfrischkäse unterrühren und noch den Dill zufügen. Mit Salz und Pfeffer abschmecken. Dann die Lachsstücke auf den Spargel legen und bei geschlossenem Deckel alles für 2–3 Minuten warmziehen lassen. Nun noch den Fisch vorsichtig unter die Soße mischen.

TIPP

Es sind mehr Esser am Tisch und Sie hätten gerne eine Beilage? Dann bleiben Sie bei Gemüse und servieren Sie den Blumenkohlreis von Seite 46 dazu.

Spargelauflauf mit Bärlauchhack

Nährwerte pro Portion:
Kilokalorien: 646, Fett: 46,0 g, Kohlenhydrate: 10,0 g, Eiweiß: 44,3 g

ZUTATEN FÜR 3 PORTIONEN

2 EL Olivenöl
1,2 kg weißer Spargel, geschält in 3–4 cm lange Stücke geschnitten
Salz und etwas Zuckerersatz
50 ml Wasser
350 g mageres Rinderhackfleisch (alternativ vegetarischer Hackersatz)
100 g Bärlauch, in Streifen geschnitten
100 ml Sahne
3 Eier, Größe M
75 g mittelalter Gouda-Käse, grob gerieben
Salz und Pfeffer

TIPP

Mehr Farbe und Geschmack kommt in den Auflauf, wenn Sie weißen und grünen Spargel mischen.

ZUBEREITUNG

Den Backofen auf 180 °C Umluft vorheizen.

Einen Esslöffel Olivenöl in einem Topf erhitzen und die Spargelstücke kurz anbraten. Etwas mit Salz und Zuckerersatz würzen. Dann das Wasser in den Topf geben und die Spargelstücke mit geschlossenem Deckel für 8–12 Minuten köcheln lassen. Anschließend die Spargelstücke in einem Küchensieb abtropfen lassen.

In dem leeren Topf einen weiteren Esslöffel Olivenöl erhitzen und das Hackfleisch krümelig braten. Am Ende die Bärlauchstreifen untermischen und alles mit Salz und Pfeffer abschmecken. Nun die vorgegarten Spargelstücke unter das Bärlauchhack mischen und dann alles in eine Auflaufform umfüllen.

Die Sahne mit den beiden Eiern verquirlen und die Mischung mit Salz und Pfeffer würzen. Die Eiercreme über dem Auflauf verteilen. Dann den Auflauf mit dem geriebenen Gouda bestreuen und den Auflauf für 20–25 Minuten in den Ofen stellen.

Lauch-Süßkartoffelsuppe mit Hähnchen

Nährwerte pro Portion:
Kilokalorien: 456, Fett: 27,1 g, Kohlenhydrate: 28,1 g, Eiweiß: 34,2 g

ZUTATEN FÜR 3 PORTIONEN

2 große Hähnchenkeulen
1,2 l Gemüsebrühe
1 EL Olivenöl
200 g Gemüsezwiebel, gehackt
250 g Süßkartoffel, in Würfel geschnitten
450 g Lauch, in Ringe geschnitten
2 TL getrockneter Majoran
75 g Bresso (französischer Frischkäse)
1 TL heller Balsamico-Essig
Salz und Pfeffer

ZUBEREITUNG

Die beiden Hähnchenkeulen in der Gemüsebrühe für 30–35 Minuten kochen. Anschließend die Keulen aus der Brühe nehmen, leicht abkühlen lassen und das Fleisch vom Knochen lösen und klein schneiden.

In einem Suppentopf einen Esslöffel Olivenöl erhitzen und die Zwiebelwürfel darin glasig anbraten. Dann die Süßkartoffelwürfel und die Lauchringe untermischen und alles gemeinsam für 2–3 Minuten braten. Danach mit der Brühe aus dem Topf mit den Hähnchenkeulen ablöschen. Den getrockneten Majoran zufügen und die Suppe nun für 12 Minuten kochen lassen. Anschließend die Gemüsesuppe mit dem Pürierstab fein zerkleinern.

Nun den Bresso und den hellen Balsamico-Essig in die Suppe rühren. Als Nächstes das Hähnchenfleisch in die Suppe geben und die Suppe zum Schluss mit Salz und Pfeffer abschmecken.

TIPP

Falls die Suppe am Ende doch zu dick geworden ist, dann mit etwas zusätzlicher Gemüsebrühe strecken.

Lachs mit Rahmspinat und Haselnuss-Paprika-Süßkartoffelpüree

Nährwerte pro Portion:
Kilokalorien: 668, Fett: 35,1 g, Kohlenhydrate: 50,6 g, Eiweiß: 36,2 g

ZUTATEN FÜR 4 PORTIONEN

Für das Haselnuss-Paprika-Süßkartoffelpüree:
900 g Süßkartoffeln, geschält und in Stücke geschnitten
100 g Ajvar, mild oder scharf
40 g Haselnussmus
Salz und Pfeffer

Für den Rahmspinat:
450 g junger gehackter TK-Spinat, aufgetaut und das Wasser abgetropft (TK-Gewicht)
150 g Kräuterfrischkäse
1 TL Gemüsebrühepulver
1 Msp. Muskatnuss, frisch gerieben
Salz und Pfeffer

500 g Lachsfilet ohne Haut, in mundgerechte Streifen geschnitten
1 EL Olivenöl
Salz und Pfeffer

ZUBEREITUNG

Die Süßkartoffelstücke in Wasser für 10–12 Minuten kochen und dann in einem Küchensieb abgießen. Die Süßkartoffelstücke zurück in den Topf geben. Dann mit dem Pürierstab fein zerkleinern und anschließend das Ajvar und das Haselnussmus untermischen. Das fertige Püree mit Salz und Pfeffer würzen.

Den Spinat in einem kleinen Topf erwärmen und den Kräuterfrischkäse, das Gemüsebrühepulver und die gemahlene Muskatnuss unterrühren. Final noch mit Salz und Pfeffer abschmecken.

Eine Pfanne auf dem Herd erhitzen und die Lachswürfel für 3–4 Minuten braten. Dabei mit Salz und Pfeffer würzen.

Anschließend das Haselnuss-Paprika-Süßkartoffelpüree mit dem Rahmspinat und den Lachsstücken anrichten.

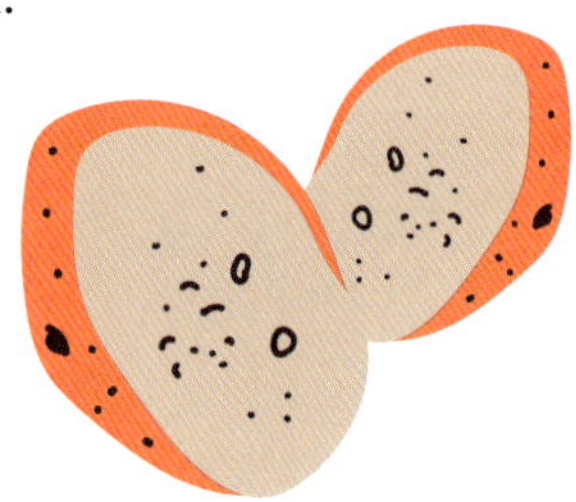

TIPP

Wer keinen Fisch mag, kann zu dem leckeren Süßkartoffelpüree auch wunderbar die Frikadellen von Seite 92 braten.

Süßkartoffelpizzaletten mit Tomate und Scamorza

Nährwerte pro Portion:
Kilokalorien: 565, Fett: 19,9 g, Kohlenhydrate: 77,4 g, Eiweiß: 19,6 g

ZUTATEN FÜR 2 PORTIONEN

700 g Süßkartoffeln, längs in 1 cm dicke Scheiben geschnitten
1 EL Olivenöl
Salz und Pfeffer

Für den Belag:
200 g Kirschtomaten, in kleine Stücke geschnitten
25 g doppelt konzentriertes Tomatenmark
1 Knoblauchzehe, gepresst
1 TL Oregano, frisch oder getrocknet
50 g rote Zwiebel, gewürfelt
100 g Scamorza-Käse (geräucherter Mozzarella), grob gerieben
Salz und Pfeffer

ZUBEREITUNG

Den Backofen auf 180 °C Umluft vorheizen.

Die Süßkartoffelscheiben auf ein mit Backpapier bedecktes Blech legen. Die Scheiben dünn mit Olivenöl bepinseln und leicht mit Salz und Pfeffer würzen. Die Süßkartoffelscheiben für 15 Minuten im Ofen backen.

Die Zutaten für den Tomatenbelag bis einschließlich der gewürfelten Zwiebel miteinander verrühren und mit Salz und Pfeffer würzen.

Die Tomatenmischung auf den gebackenen Süßkartoffelscheiben verteilen und darüber den geriebenen Scamorza-Käse streuen. Nun die Süßkartoffelpizzaletten im Ofen für weitere 15–20 Minuten backen.

TIPP

Wer es lieber herzhafter mag und weniger süß, ist mit Scheiben vom Knollensellerie als Pizzaletten gut bedient. Der Tausch spart kräftig Kohlenhydrate, für alle die Low Carb unterwegs sind.

Süßkartoffel-Paprika aus dem Ofen

Nährwerte pro Portion:
Kilokalorien: 544, Fett: 28,4 g, Kohlenhydrate: 49,4 g, Eiweiß: 21,2 g

ZUTATEN FÜR 4 PORTIONEN

1 EL Olivenöl
150 g rote Zwiebeln, gewürfelt
500 g Süßkartoffel, grob geraspelt
150 g Kräuterfrischkäse
3 Eier, Größe M
75 g Frühlingszwiebeln, in Ringe geschnitten
6 mittelgroße rote Paprika, längs halbiert und das Kerngehäuse entfernt
120 g Appenzeller-Käse, grob gerieben
Salz und Pfeffer

ZUBEREITUNG

Den Backofen auf 180 °C Umluft vorheizen.

Einen Esslöffel Olivenöl in einem Topf erhitzen und die Zwiebelwürfel darin glasig anbraten. Dann die Süßkartoffelraspel zufügen und gemeinsam mit den Zwiebeln für 5–6 Minuten braten. Die Mischung lauwarm abkühlen lassen und den Kräuterfrischkäse, die Eier und die Frühlingszwiebelringe untermischen. Die Masse nun noch mit Salz und Pfeffer abschmecken.

Die Süßkartoffelmischung in die vorbereiteten Paprikaschalen füllen, diese auf ein Blech legen und dann noch mit dem Appenzeller-Käse bestreuen. Die gefüllten Paprika für 25 Minuten im Ofen backen.

TIPP

Statt Süßkartoffel ist auch ein gehaltvoller Hokkaido-Kürbis eine wunderbare Variante für alle Kürbisfans.

Getoastete Süßkartoffelscheiben mit pikantem Quark-Lachs-Topping

Nährwerte pro Portion:
Kilokalorien: 474, Fett: 16,3 g, Kohlenhydrate: 56,5 g, Eiweiß: 26,3 g

ZUTATEN FÜR 2 PORTIONEN

Für das Topping:
150 g geräucherter Lachs, in kleine Stücke geschnitten
100 g Quark, 20 % Fett
75 g Griechischer Joghurt, 10 % Fett
50 g Ajvar, pikant
2 TL Limettensaft, frisch gepresst
½ TL Zuckerersatz
2 TL Dill, frisch oder TK
Salz und Pfeffer

500 g Süßkartoffel, mit großem Durchmesser, in 0,5 cm dicke Scheiben geschnitten

ZUBEREITUNG

Die Zutaten für die Lachscreme verrühren und durchziehen lassen.

Die Süßkartoffelscheiben im Toaster toasten. Auf höchster Stufe braucht es je nach Gerät 2–4 Durchgänge, bis die Scheiben geröstet und weich sind.

Die Lachscreme auf die getoasteten Süßkartoffelscheiben geben.

TIPP

Wer die Scheiben lieber im Backofen rösten will, kann diese auch für etwa 15–18 Minuten bei 180 °C Umluft backen und dann lauwarm genießen.

Süßkartoffel-Hackblech

Nährwerte pro Portion:
Kilokalorien: 673, Fett: 36,7 g, Kohlenhydrate: 48,7 g, Eiweiß: 33,8 g

ZUTATEN FÜR 4 PORTIONEN

750 g Süßkartoffeln, in 2 cm große Würfel geschnitten
500 g rote Spitzpaprika, in mundgerechte Stücke geschnitten
1 EL Olivenöl

Für das Topping:
1 EL Olivenöl
85 g rote Zwiebel, gehackt
400 g mageres Rinderhackfleisch (alternativ vegetarischer Hackersatz)
1 TL rote Currypaste
1 EL doppelt konzentriertes Tomatenmark
1 TL Thymian, frisch oder getrocknet
100 g Feta, krümelig gehackt
50 ml Sahne
1 EL Metaxa (griechischer Weinbrand)
75 g Manchego-Käse, grob gerieben
Salz und Pfeffer

ZUBEREITUNG

Den Backofen auf 180 °C Umluft vorheizen.

Die Süßkartoffelstücke und die Paprikastücke mit einem Esslöffel Olivenöl mischen und anschließend auf einem Backblech verteilen. Für 20 Minuten in den Ofen schieben und backen.

In einer großen Pfanne einen Esslöffel Olivenöl erhitzen und die Zwiebelwürfel glasig anbraten. Dann das Hackfleisch zufügen und krümelig braten. Nun noch die Currypaste für 1–2 Minuten anrösten und anschließend das Tomatenmark und den Thymian untermischen. Die Hackpfanne kräftig mit Salz und Pfeffer würzen.

In einer separaten Schale den krümeligen Feta mit der flüssigen Sahne und dem Metaxa verrühren und die Mischung mit Salz und Pfeffer abschmecken.

Wenn das Gemüse im Ofen soweit ist, dann aus dem Ofen nehmen und alles in der Mitte des Bleches etwa zusammenschieben. Darüber das gebratene würzige Hackfleisch und die Fetamischung verteilen.

Als Abschluss noch mit dem geriebenen Manchego-Käse bestreuen und das gefüllte Blech für 20 Minuten in den Ofen schieben zum Überbacken.

TIPP

Wenn Sie keinen Metaxa kaufen möchten, dann können Sie auch einen anderen Weinbrand oder einen Schuss Weißwein verwenden.

Süßkartoffel-Ofenpfannkuchen Frühstückstraum

Nährwerte pro Portion:
Kilokalorien: 577, Fett: 39,1 g, Kohlenhydrate: 29,0 g, Eiweiß: 26,1 g

ZUTATEN FÜR 1 PORTION

3 TL Olivenöl nativ extra
100 g Süßkartoffel, in 1 cm große Würfel geschnitten
2 Eier, Größe L
2 TL Tomaten-Pesto
100 g rosa oder rote Zwiebel, in Ringe geschnitten
25 g Emmentaler-Käse, grob gerieben
Salz und Pfeffer

TIPP

Der Süßkartoffel-Ofenpfannkuchen Frühstückstraum schmeckt nicht nur zum Frühstück, sondern zu jeder Tageszeit.

ZUBEREITUNG

Den Backofen auf 170 °C Umluft vorheizen.

Die Süßkartoffelwürfel in eine kleine Ofenform füllen, einen Teelöffel Olivenöl unterrühren und dann die Süßkartoffelwürfel für 20 Minuten backen. Die weichen Süßkartoffelwürfel in einen kalten Behälter umfüllen und sie dort lauwarm abkühlen lassen.

Die gebackenen Süßkartoffelwürfel mit den beiden Eiern gemeinsam pürieren, das Tomaten-Pesto unterrühren und die Mischung mit Salz und Pfeffer abschmecken.

Eine ofenfähige, nicht zu große Pfanne (24 cm Durchmesser) mit einem Teelöffel Olivenöl auspinseln. Die Pfanne auf dem Herd erhitzen und dann die Zwiebelringe für 2–3 Minuten braten. Dann die Zwiebeln aus der Pfanne nehmen. Einen weiteren Teelöffel Olivenöl in die Pfanne geben und die Eier-Süßkartoffelmischung in die Pfanne gießen. Den Pfanneninhalt auf dem Herd für 1–2 Minuten stocken lassen.

Dann die gebratenen Zwiebelringe über der Eier-Süßkartoffelmischung in der Pfanne verteilen und alles mit dem Emmentaler-Käse betreuen.

Anschließend die Pfanne für 10–12 Minuten in den Backofen stellen.

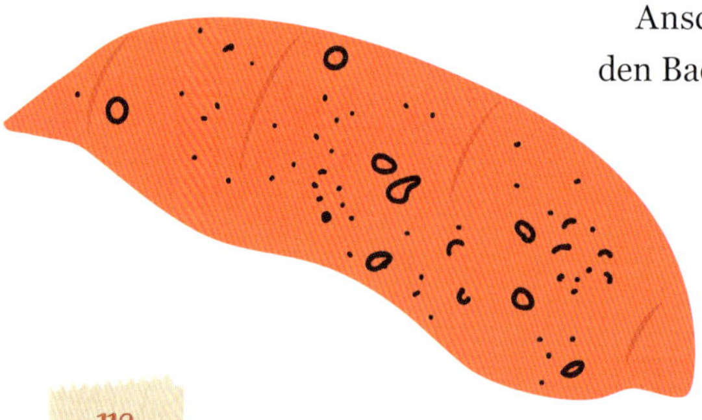

choose
HAPPINE

Gemüse-Linsensuppe Ahoi

Nährwerte pro Portion:
Kilokalorien: 454, Fett: 19,2 g, Kohlenhydrate: 41,2 g, Eiweiß: 26,7 g

ZUTATEN FÜR 3 PORTIONEN

1 EL Olivenöl
75 g rote Zwiebel, fein gehackt
2 Sardellen, aus dem Glas, gehackt
75 g rote Linsen
1 l Gemüsebrühe
400 g stückige Tomaten, aus der Dose
250 g Süßkartoffel, in kleine Würfel geschnitten
150 g Lauch, in dünne Ringe geschnitten
150 g Knollensellerie, in kleine Würfel geschnitten
150 g Schmand, 24 % Fett
200 g Nordseekrabben
3 TL Dill, frisch oder TK
Salz und Pfeffer

TIPP

Die Nordseekrabben können Sie auch gerne gegen Katenschinkenwürfel oder geräucherte Makrele tauschen. Beides gibt der Suppe einen rauchigen Geschmack.

ZUBEREITUNG

In einem größeren Suppentopf einen Esslöffel Olivenöl erhitzen. Darin die Zwiebelwürfel glasig anbraten und dann noch die gehackten Sardellen zufügen und diese ebenfalls kurz anschwitzen. Nun die roten Linsen in den Topf geben und diese mit der Gemüsebrühe und den stückigen Tomaten aus der Dose ablöschen. Die roten Linsen jetzt für 25 Minuten kochen lassen.

Dann das komplette klein geschnittene Gemüse zufügen und die Suppe für weitere 15 Minuten kochen lassen. Anschließend mit dem Pürierstab etwa ⅓ der Suppe zerkleinern und den Rest stückig lassen. Nun noch den Schmand und die Nordseekrabben unterrühren und als letzte Zutat den Dill zufügen. Final die Suppe mit Salz und Pfeffer abschmecken und dann in Schalen servieren.

Zweierlei Tomatensalat mit Rosmarin und Mozzarella

Nährwerte pro Portion:
Kilokalorien: 401, Fett: 25,3 g, Kohlenhydrate: 13,0 g, Eiweiß: 29,7 g

ZUTATEN FÜR 2 PORTIONEN

Für die Ofentomaten:
250 g Kirschtomaten
1 EL Olivenöl
2 TL frischer Rosmarin, gehackt
1 TL Zuckerersatz
Salz und Pfeffer

Für das Dressing:
1 EL Olivenöl
2 TL dunkler Balsamico-Essig
1 TL Zitronensaft, frisch gepresst
½ TL mittelscharfer Senf
1 kleine Knoblauchzehe, gepresst
Salz und Pfeffer

Für den Tomatensalat:
500 g bunte Kirschtomaten, halbiert
250 g fettarme Mini-Mozzarellakugeln

ZUBEREITUNG

Den Backofen auf 180 °C Umluft vorheizen.

Die Kirschtomaten mit einem Esslöffel Olivenöl, dem Rosmarin, dem Zuckerersatz und Salz und Pfeffer für 17–18 Minuten im Ofen backen und dann lauwarm abkühlen lassen.

Die Zutaten für das Dressing mit einem Schneebesen anrühren.

Anschließend die halbierten bunten Kirschtomaten mit den Mozzarellakugeln und den gebackenen noch lauwarmen Kirschtomaten mit dem warmen Tomatensud aus der Ofenform in eine Schüssel geben. Das angerührte Dressing darüber verteilen und alles durchmischen.

TIPP

Ein toller Salat auch zum Grillen. Als Beilagensalat reicht da dann die Hälfte der Mozzarellakugeln, denn die Haupteiweißquelle kommt in der Regel vom Grill.

Fruchtiges Lachscurry mit Tomaten-Blumenkohlreis

Nährwerte pro Portion:
Kilokalorien: 559, Fett: 35,9 g, Kohlenhydrate: 20,5 g, Eiweiß: 34,7 g

ZUTATEN FÜR 4 PORTIONEN

Für das fruchtige Lachscurry:
1 EL Olivenöl
75 g rote Zwiebel, gehackt
100 g ungezuckerte TK-Mangostücke
400 g geschälte Tomaten, aus der Dose
2 EL doppelt konzentriertes Tomatenmark
250 ml Kokosmilch
2 TL Currypulver
1 TL Gemüsebrühepulver
500 g Lachsfilet, in mundgerechte Stücke geschnitten
100 g Frühlingszwiebeln, in Ringe geschnitten
Salz und Pfeffer

Für den Tomaten-Blumenkohlreis:
850 g Blumenkohl, grob geraspelt
250 g Kirschtomaten, geviertelt
25 g Butter
Salz und Pfeffer

ZUBEREITUNG

Den Backofen auf 180 °C Umluft vorheizen.

Einen Topf mit einem Esslöffel Olivenöl erhitzen und die Zwiebelwürfel glasig anbraten. Dann die Mangostücke und die geschälten Tomaten hinzufügen. Nun noch das Tomatenmark, die Kokosmilch, das Currypulver wie auch das Gemüsebrühepulver unterrühren und die Soße für 15 Minuten kochen lassen. Anschließend mit dem Pürierstab fein zerkleinern. Die Soße wieder richtig heiß werden lassen und dann die Lachsstücke in die Tomatensoße geben. Den Fisch in der heißen Tomaten-Currysoße für 8–10 Minuten garziehen lassen und zum Schluss noch die Frühlingszwiebelringe untermischen.

Während die Tomatensoße kocht, den geraspelten Blumenkohl und die geviertelten Kirschtomaten in eine große Ofenform füllen. Das Gemüse für 20 Minuten im Backofen rösten. Einmal zwischendurch mischen, damit die obere Schicht nicht verbrennt. Dann aus dem Ofen nehmen und die Butter unterrühren. Die Gemüsebeilage noch mit Salz und Pfeffer abschmecken.

TIPP

Wenn Sie keinen Kokosgeschmack mögen, dann nehmen Sie einfach Sahne oder mischen Sie Sahne mit Milch, wenn Sie es etwas kalorienreduzierter möchten.

Linsennudelauflauf Happy Gemüse

Nährwerte pro Portion:
Kilokalorien: 583, Fett: 30,9 g, Kohlenhydrate: 41,9 g, Eiweiß: 27,3 g

ZUTATEN FÜR 4 PORTIONEN

200 g Rote-Linsen-Spirelli
1 EL Olivenöl
150 g rote Zwiebel, gehackt
300 g Lauch, in dünne Ringe geschnitten
200 g Karotten, in dünne Scheiben gehobelt
125 g rote Paprika, in Würfel geschnitten
125 g orangene Paprika, in Würfel geschnitten
400 g Kirschtomaten, halbiert
100 g frischer Baby-Spinat
150 g Kräuterfrischkäse
100 g Tomaten-Pesto
80 g Emmentaler-Käse, grob gerieben
Salz und Pfeffer

TIPP

Bei den Gemüsesorten kann nach Geschmack und Saison lustig getauscht werden. Ob Zucchini, Kohlrabi, Fenchel, Kürbis etc., alles lässt sich in dem leckeren Auflauf unterbringen. Nur die Kirschtomaten braucht es unbedingt, sonst wird der Auflauf zu trocken.

ZUBEREITUNG

Den Backofen auf 180 °C Umluft vorheizen.

Die Linsennudeln vorweg nach Packungsangabe kochen und dann in einem Küchensieb abgießen.

Einen großen Topf nehmen und einen Esslöffel Olivenöl erhitzen. Darin die roten Zwiebelwürfel glasig anbraten. Dann die Lauchringe, die Karottenscheiben und die Paprikawürfel untermischen und alles gemeinsam für 1–2 Minuten braten. Anschließend die halbierten Kirschtomaten zufügen und alles zusammen bei geschlossenem Deckel für 5–6 Minuten köcheln lassen.

Nun den Baby-Spinat unter die Gemüsemischung heben, bis dieser zusammengefallen ist und dann den Kräuterfrischkäse und das Tomaten-Pesto unterrühren. Die Gemüsemischung im Topf kräftig mit Salz und Pfeffer würzen. Es soll ruhig leicht überwürzt sein, denn die Linsennudeln schlucken einiges vom Geschmack.

Nun noch die gekochten Linsennudeln unter die tomatige Gemüsesoße heben und dann alles in eine große Auflaufform umfüllen. Zum Schluss den Auflauf mit dem geriebenen Emmentaler bestreuen und diesen für 20 Minuten im Ofen goldgelb überbacken.

Ofen-Fetavapcici mit Tomaten-Zwiebel-Blumenkohlreis

Nährwerte pro Portion:
Kilokalorien: 629, Fett: 40,5 g, Kohlenhydrate: 22,6 g, Eiweiß: 38,4 g

ZUTATEN FÜR 4 PORTIONEN

Für das Fetavapcici:
400 g mageres Rinderhackfleisch
40 g rote Zwiebel, fein gehackt
2 EL Ajvar, mild oder scharf
1 TL Sambal Oelek
1 Knoblauchzehe, gepresst
1 TL gemahlener Kreuzkümmel
1 TL rosenscharfes Paprikapulver
1 TL edelsüßes Paprikapulver
Salz und Pfeffer

Für die Fetamischung:
300 g Kirschtomaten
125 g rote Paprika, in Würfel geschnitten
125 g orangene Paprika, in Würfel geschnitten
200 g Zucchini, in Würfel geschnitten
200 g Feta, in 4 Stücke zerteilt
2 EL Olivenöl
Salz und Pfeffer

Für den Tomaten-Blumenkohlreis:
1 EL Olivenöl
250 g Gemüsezwiebel, gehackt
650 g Blumenkohl, grob geraspelt
100 g TK-Erbsen
2 EL doppelt konzentriertes Tomatenmark
75 ml zuckerfreier Ketchup
50 g Tomaten-Pesto
Salz und Pfeffer

TIPP

Wenn es schnell gehen muss, können Sie auch fertige rohe Cevapcici kaufen und diese in mundgerechte Stücke zerteilen.

ZUBEREITUNG

Den Backofen auf 180 °C Umluft vorheizen.

Aus den Zutaten für das Cevapcici einen Fleischteig herstellen. Den Fleischteig wie dicke Bratwürste rollen und dann in kurze mundgerechte Cevapcici-Stücke teilen.

Die ganzen Kirschtomaten in eine große Ofenform füllen, dann die Paprikastücke und die Zucchiniwürfel untermischen. Die Fetastücke auf das Gemüsebett legen. Danach 2 Esslöffel Olivenöl über die Zutaten träufeln und alles mit Salz und Pfeffer würzen. Nun noch die Mini-Cevapcicis mit in die Ofenform geben und alles gemeinsam für 25 Minuten backen.

Während das Ofen-Fetavapcici im Ofen brät, in einem großen Topf einen Esslöffel Olivenöl erhitzen und die Gemüsezwiebelwürfel für 3–4 Minuten glasig anbraten. Dann die Blumenkohlraspel und die gefrorenen Erbsen zufügen und alles zusammen für 7–8 Minuten braten. Nun das Tomatenmark, den zuckerfreien Ketchup und das Tomaten-Pesto unter den Gemüsereis mischen und am Ende alles mit Salz und Pfeffer abschmecken.

Wenn die Ofenzeit um ist, dann die Ofenform aus dem Backofen holen und alles gut durchmischen, bis sich der Feta mit dem Saft der geplatzten Kirschtomaten und dem würzigen Bratsud der Cevapcici cremig verbunden hat.

Nun den fertigen Tomaten-Zwiebel-Blumenkohlreis mit dem Ofen-Fetavapcici anrichten.

Scharfe Tomaten-Linsensuppe

Nährwerte pro Portion:
Kilokalorien: 448, Fett: 15,8 g, Kohlenhydrate: 49,8 g, Eiweiß: 21,7 g

ZUTATEN FÜR 2 PORTIONEN

1 EL Olivenöl
50 g rote Zwiebel, gehackt
1 TL rote Currypaste
150 g Lauch, in schmale Ringe geschnitten
250 g Kirschtomaten geviertelt
100 g rote Linsen
500 ml Gemüsesaft (fertig aus dem Supermarkt)
400 g gehackte Tomaten, aus der Dose
250 ml Gemüsebrühe
½ TL gemahlener Kreuzkümmel
1 TL edelsüßes Paprikapulver
1 TL Oregano, frisch oder getrocknet
2 EL Frischkäse
Salz und Pfeffer

ZUBEREITUNG

Einen mittelgroßen Topf mit einem Esslöffel Olivenöl erhitzen und die Zwiebelwürfel glasig anbraten. Dann die Currypaste zufügen und dies kurz mit anschwitzen. Nun die Lauchringe untermischen und alles gemeinsam für 1–2 Minuten braten.

Nun die Kirschtomaten, die roten Linsen, den Gemüsesaft, die gehackten Dosentomaten, die Gemüsebrühe und die Gewürze in die Suppe geben und alles zusammen für 25–30 Minuten kochen lassen, bis die Linsen zerfallen.

Am Ende noch den Frischkäse unterrühren und die Suppe mit Salz und Pfeffer abschmecken.

TIPP

Wenn Sie gerne vegan essen, dann geben Sie statt des Frischkäse, pflanzliches Mandelmus zu der Tomaten-Linsensuppe.

Insalata Italiano

Nährwerte pro Portion:
Kilokalorien: 495, Fett: 24,8 g, Kohlenhydrate: 38,4 g, Eiweiß: 23,0 g

ZUTATEN FÜR 2 PORTIONEN

125 g Rote-Linsen-Spirelli
20 g Pinienkerne
250 g Kirschtomaten, halbiert
100 g Rucola
20 g Parmesan, grob gerieben, zum Bestreuen

Für das Dressing:
2 EL Olivenöl nativ extra
1 Knoblauchzehe, gepresst
1 EL dunkler Balsamico-Essig
1 TL Zitronensaft, frisch gepresst
½ TL mittelscharfer Senf
1 TL Zuckerersatz
Salz und Pfeffer

ZUBEREITUNG

Die Linsen-Spirelli nach Packungsangabe in Wasser kochen und in einem Küchensieb abgießen.

Die Pinienkerne in einer Pfanne ohne Fett goldgelb rösten.

Die Zutaten für das Salatdressing mit einem Schneebesen verrühren und mit Salz und Pfeffer abschmecken.

Die Linsennudeln mit den Tomaten und dem Rucola vermischen. Das Dressing unterheben und dann den Salat mit den Pinienkernen und dem geraspelten Parmesan bestreuen.

TIPP

Die Portionsangaben beziehen sich auf eine Vollmahlzeit. Wenn der Salat als Beilage fungiert, dann reicht die Rezeptmenge auch für drei Esser.

Brokkisagne all'amatriciana

Nährwerte pro Portion:
Kilokalorien: 581, Fett: 37,8 g, Kohlenhydrate: 18,7 g, Eiweiß: 36,4 g

ZUTATEN FÜR 4 PORTIONEN

Für die Brokkoli-Lasagneplatten:
50 g rote Zwiebel, fein gehackt
1 EL Olivenöl
1 kg Brokkoli, inkl. Strunk, grob geraspelt
2 TL Gemüsebrühepulver
3 Eier, Größe M, zu Rührei verquirlt
und mit Salz und Pfeffer gewürzt
50 g Manchego-Käse, fein gerieben
10 g Flohsamenschalen

Für die Amatriciana-Soße:
1 EL Olivenöl
75 g rote Zwiebel, fein gehackt
250 g Baconwürfel
400 g gehackte geschälte Tomaten, aus der Dose
300 g Kirschtomaten, geviertelt
2 EL doppelt konzentriertes Tomatenmark
1 rote Chilischote, fein gehackt oder etwas Chilipulver
75 g Manchego-Käse, grob gerieben
Salz und Pfeffer

ZUBEREITUNG

Den Backofen auf 180 °C Umluft vorheizen.

In einem Topf die Zwiebelwürfel für die Brokkisagneplatten im Olivenöl glasig dünsten und dann den geraspelten Brokkoli hinzufügen. Direkt mit dem Gemüsebrühepulver würzen. Für 7–8 Minuten braten und dann lauwarm abkühlen lassen. Anschließend das flüssige Rührei, den geriebenen Manchego-Käse und die Flohsamenschalen unterrühren. Die Brokkolimasse auf einem mit Backpapier ausgelegten Backblech großflächig verteilen und schön glattstreichen. Die Brokkisagneplatte nun für 25–30 Minuten im Ofen backen.

In einem mittelgroßen Topf die Zwiebelwürfel für die Tomatensoße in einem Esslöffel Olivenöl glasig dünsten. Dann die Baconwürfel hinzufügen und diese gemeinsam mit den Zwiebelwürfeln für 3–4 Minuten braten. Mit den gehackten geschälten Tomaten, den geviertelten Kirschtomaten und dem Tomatenmark ablöschen. Jetzt noch die gehackte Chilischote zufügen und die Tomatensoße für 25 Minuten kochen lassen. Am Ende mit Salz und Pfeffer abschmecken.

Die fertige Brokkoliplatte in 2 oder 4 Teile passend zur Größe der vorhandenen Auflaufform schneiden und vom Backpapier lösen.

In die Lasagneform etwas von der Soße auf den Boden geben und vorsichtig den ersten Teil der Brokkoli-Platte in die Form bugsieren. Dann von der Tomaten-Baconsoße darauf verteilen und so fortfahren, bis alles aufgebraucht ist. Obenauf soll etwas von der Soße sein, die dann mit dem grob geriebenen Manchego-Käse bestreut wird. Nun geht die Brokkisagne für 25 Minuten in den Ofen, bis alles schön lecker überbacken ist.

TIPP

Statt Brokkoli funktioniert auch wunderbar Blumenkohl und so wird aus einer Brokkisagne ratzfatz eine leckere Blumisagne.

Zweierlei Curry-Linseneintopf

Nährwerte pro Portion:
Kilokalorien: 367, Fett: 12,4 g, Kohlenhydrate: 37,1 g, Eiweiß: 18,6 g

ZUTATEN FÜR 4 PORTIONEN

100 g Pardina-Linsen (spanische braune Linsen)
1 EL Olivenöl
125 g rote Zwiebeln, gehackt
3–4 TL Madras-Currypaste oder gelbe Currypaste
100 g rote Linsen
900 ml Gemüsebrühe
250 g Lauch, in schmale Ringe geschnitten
250 g Karotten, klein gewürfelt
250 g Knollensellerie, klein gewürfelt
250 g Kirschtomaten, geviertelt
1 Msp. gemahlener Zimt
1–2 EL Limettensaft, frisch gepresst
2 EL Mandelmus
Salz und Pfeffer

ZUBEREITUNG

In einem mittleren Topf Wasser erhitzen und die Pardina-Linsen für 15 Minuten vorkochen und dann in einem Küchensieb abgießen.

In einem größeren Topf einen Esslöffel Olivenöl erhitzen und die Zwiebelwürfel glasig anbraten. Die Currypaste untermischen und diese kurz anrösten. Dann die roten Linsen und die vorgekochten Pardina-Linsen in den Topf geben und alles mit der Gemüsebrühe ablöschen. Die Linsensuppe für 15 Minuten kochen lassen.

Dann das komplette Gemüse zufügen und die Suppe für weitere 20 Minuten kochen lassen.

Den Zimt und den Limettensaft unterrühren und zum Schluss das Mandelmus untermischen. Bei Bedarf mit Salz und Pfeffer würzen.

TIPP

Pardina-Linsen punkten durch eine angenehme Festigkeit, auch nach dem Kochen. Perfekt auch für Salate, bei denen man keinen Linsenmatsch brauchen kann.

Zucchini-Kichererbsenrisotto

Nährwerte pro Portion:
Kilokalorien: 451, Fett: 19,7 g, Kohlenhydrate: 41,5 g, Eiweiß: 24,6 g

ZUTATEN FÜR 4 PORTIONEN

250 g Kichererbsenreis
1 EL Olivenöl
250 g Gemüsezwiebel, in Würfel geschnitten
600 g Zucchini, ohne Kerne, in kleine Würfel geschnitten
1 TL heller Balsamico-Essig
150 g Bresso (französischer Kräuterfrischkäse)
60 g Parmesan, fein gerieben
Salz und Pfeffer

ZUBEREITUNG

Den Kichererbsenreis nach Packungsangabe in Wasser kochen und anschließend in einem Küchensieb abgießen.

In einem größeren Topf einen Esslöffel Olivenöl erhitzen und die Gemüsezwiebelwürfel glasig anbraten. Dann die Zucchiniwürfel zufügen und diese für 4–5 Minuten mit den Zwiebelwürfeln braten.

Nun den vorgekochten Kichererbsenreis untermischen und danach den Balsamico-Essig und den Bresso-Frischkäse unterrühren. Zum Schluss noch den geriebenen Parmesan unterheben und das fertige Essen mit Salz und Pfeffer abschmecken.

TIPP

Kichererbsen oder auch roten Linsen geformt wie Reiskörner gibt es im Supermarkt. Schauen Sie im Regal beim normalen Reis bzw. den Nudeln oder in der Nähe der getrockneten Hülsenfrüchte.

Tomaten-Zucchini-Champignons-Hähnchenpot

Nährwerte pro Portion:
Kilokalorien: 495, Fett: 27,5 g, Kohlenhydrate: 19,7 g, Eiweiß: 39,5 g

ZUTATEN FÜR 2 PORTIONEN

4 TL Olivenöl
150 g Hähnchenbrust, in Streifen geschnitten
300 g Zucchini, ohne Kerne, in Würfel geschnitten
200 g Kirschtomaten, halbiert
200 g Champignons, in Scheiben geschnitten
75 g getrocknete Tomaten, eingelegt in Kräuteröl, in kleine Würfel geschnitten
1 EL Basilikum-Pesto
3 EL zuckerfreier Ketchup
2 EL Frischkäse
100 g fettarmer Mozzarella, in kleine Würfel geschnitten
20 g Parmesan, fein gerieben
Salz und Pfeffer

TIPP

Statt Hähnchenbrust können Sie für das Geschnetzelte auch wunderbar Putenschnitzel kaufen. Achten Sie auf eine gute Herkunft Ihres Fleisches. Qualität statt Quantität ist die Devise.

ZUBEREITUNG

In einem mittelgroßen Topf zwei Teelöffel Olivenöl erhitzen und die Hähnchenbruststreifen darin für 3–4 Minuten braten und am Ende mit Salz und Pfeffer würzen. Anschließend das gebratene Fleisch aus dem Topf nehmen.

In den warmen Topf zwei weitere Teelöffel Olivenöl geben und die Zucchinistücke für eine Minute braten. Dann die halbierten Kirschtomaten und die Champignonscheiben zufügen und gemeinsam mit den Zucchiniwürfeln für 2–3 Minuten pfannenrühren.

Nun die klein geschnittenen getrockneten Tomaten, das Basilikum-Pesto und das Ketchup unter das Gemüse im Topf mischen und alles gemeinsam für 2–3 Minuten köcheln lassen.

Danach die gebratenen Hähnchenstreifen und den Frischkäse unter den Topfinhalt rühren und das Gericht mit Salz und Pfeffer abschmecken.

Zum Schluss die Mozzarellawürfel und den geriebenen Parmesan untermischen. Den Topfdeckel für 2–3 Minuten bei niedriger Hitzezufuhr schließen, damit der Käse schmelzen kann. Dann direkt, ohne weiteres Umrühren anrichten.

Blitzschnelle Käse-Curry-Zucchinipfanne

Nährwerte pro Portion:
Kilokalorien: 418, Fett: 31,4 g, Kohlenhydrate: 17,9 g, Eiweiß: 17,1 g

ZUTATEN FÜR 2 PORTIONEN

2 EL Olivenöl
200 g Gemüsezwiebel, in dünne Streifen geschnitten
1 TL gelbe Currypaste (alternativ 1–2 TL Currypulver)
700 g Zucchini, ohne Kerne, in 2–3 cm breite Rauten geschnitten
1 TL Thymian, frisch oder getrocknet
80 g Manchego-Käse, grob gerieben
Salz und Pfeffer

ZUBEREITUNG

Eine größere Pfanne mit hohem Rand und vorhandenem Deckel auf dem Herd erhitzen. Die beiden Esslöffel Olivenöl hineingeben und darin die Zwiebelstreifen für 2–3 Minuten braten. Nun die Currypaste zufügen und diese für 1–2 Minuten mit den Zwiebeln rösten, damit sich das Aroma besser entfaltet.

Anschließend die Zucchinistücke, den Thymian und Salz und Pfeffer zufügen und alles zusammen für 3–4 Minuten braten. Dann den geriebenen Manchego-Käse über der Gemüsepfanne verteilen und direkt den Deckel für 5 Minuten schließen. Den Käse bei niedriger Hitzezufuhr auf dem heißen Gemüse schmelzen lassen.

TIPP

Es muss nicht unbedingt Manchego-Käse sein, Sie können auch tauschen. Schauen Sie einfach, welche Käsereste sich noch im Kühlschrank verstecken. Bitte nur vollfette, aromatische Käsesorten verwenden, denn die schmelzen gut und geben dem schnellen Gericht den notwendigen Wumms.

Schnelle Burger-Gemüsepfanne

Nährwerte pro Portion:
Kilokalorien: 503, Fett: 31,9 g, Kohlenhydrate: 14,5 g, Eiweiß: 37,8 g

ZUTATEN FÜR 3 PORTIONEN

1 EL Olivenöl
350 g mageres Rinderhack (alternativ vegetarischer Hackersatz)
75 g rote Zwiebel, gehackt
500 g Zucchini, in mundgerechte Stücke geschnitten
150 g Karotte, in Würfel geschnitten
250 g Champignons, geviertelt
150 g Kirschtomaten, halbiert
100 g zuckerfreier Ketchup
50 g Frischkäse
2 TL mittelscharfer Senf
4 Gewürzgurken, aus dem Glas, gewürfelt
75 g mittelalter Gouda-Käse, grob gerieben
Salz und Pfeffer

TIPP

Deftiger wird die Burgerpfanne, wenn Sie einen Teil des Rinderhackfleischs gegen Baconwürfel tauschen.

ZUBEREITUNG

In einer großen Pfanne mit hohem Rand und Deckel, oder einem Topf, das Olivenöl erhitzen und das Rinderhackfleisch für 4–5 Minuten krümelig braten. Dann die Zwiebelwürfel in den Topf geben und diese mit dem Hack glasig anbraten.

Anschließend das komplette Gemüse, bis zu den Kirschtomaten in die Pfanne geben und alles gemeinsam für 3–4 Minuten braten. Dann den zuckerfreien Ketchup, den Frischkäse und den Senf unterrühren und die Burgerpfanne für 3–4 Minuten köcheln lassen.

Nun die klein geschnittenen Gewürzgurken untermischen und die Pfanne mit Salz und Pfeffer abschmecken. Den geriebenen Gouda-Käse auf dem Gericht verteilen. Die Pfanne bzw. den Topf mit dem Deckel verschließen und den Käse für 2–3 Minuten schmelzen lassen.

Seelachs gebraten mit Ofengemüse und Dill-Senfsoße

Nährwerte pro Portion:
Kilokalorien: 477, Fett: 27,0 g, Kohlenhydrate: 18,1 g, Eiweiß: 38,0 g

ZUTATEN FÜR 3 PORTIONEN

Für das Ofengemüse:
400 g Kohlrabi, in kurze Sticks geschnitten
400 g Zucchini, ohne Kerne, in Rauten geschnitten
150 g Karotten in 3–4 cm lange Sticks geschnitten
150 g rote Paprika, in mundgerechte Stücke geschnitten
1 EL Olivenöl
Salz und Pfeffer

Für den Seelachs mit Dill-Senfsoße:
1 EL Olivenöl
500 g Seelachs, in 6 Stücke geschnitten, mit Salz und Pfeffer gewürzt
200 g Schmand, 24 % Fett
3 TL mittelscharfer Senf
½ TL Zuckerersatz
3 TL Dill, frisch oder TK
Salz und Pfeffer

ZUBEREITUNG

Den Backofen auf 180 °C Umluft vorheizen.

Das Gemüse mit einem Esslöffel Olivenöl in einer großen Ofenform mischen und dann mit Salz und Pfeffer würzen. Für 20–25 Minuten im Ofen backen.

Eine Pfanne mit einem Esslöffel Olivenöl erhitzen und den Fisch darin anbraten. Je nach Dicke des Fischs dauert das 2–4 Minuten von beiden Seiten. Dann den Fisch aus der Pfanne nehmen und diesen zum fertigen Ofengemüse in den Backofen stellen. Dabei sollte der Ofen schon aus sein. Nur noch die Resthitze zum Warmhalten nutzen.

In die heiße Pfanne den Schmand geben und dann den Senf unterrühren. Die Schmandcreme mit dem Zuckerersatz und Salz und Pfeffer abschmecken und zum Schluss noch den Dill unterrühren. Das Ofengemüse mit dem Fisch und der Senfsoße anrichten.

TIPP

Eine tolle Note bekommt die Senfcreme, wenn Sie statt dem klassischen Dill ein Bärlauch-Pesto oder ein Tomaten-Pesto unterrühren.

No-Tomatosoße mit Zucchininudeln und Lachs

Nährwerte pro Portion:
Kilokalorien: 562, Fett: 34,5 g, Kohlenhydrate: 24,3 g, Eiweiß: 38,0 g

ZUTATEN FÜR 3 PORTIONEN

3 EL Olivenöl
75 g rote Zwiebel, gehackt
100 g Lauch, in Ringe geschnitten
100 g Knollensellerie, in kleine Würfel geschnitten
125 g Karotte, in kleine Würfel geschnitten
150 g rohe Rote Bete, in kleine Würfel geschnitten
50 g Apfelmark, aus dem Glas (ohne Zuckerzusatz)
200 ml Gemüsebrühe
1 TL Oregano, frisch oder getrocknet
375 g Lachsfilet ohne Haut, in 3 Stücke geschnitten, mit Salz und Pfeffer gewürzt
1,2 kg Zucchini, in Nudeln geschnitten
50 g Ziegengouda, grob gerieben
Salz und Pfeffer

ZUBEREITUNG

Den Backofen auf 170 °C Umluft vorheizen.

Einen mittelgroßen Topf nehmen und einen Esslöffel Olivenöl erhitzen. Die Zwiebelwürfel glasig anbraten. Dann das Gemüse bis einschließlich der Rote-Bete-Würfel zufügen und alles gemeinsam für 2–3 Minuten braten. Danach das Apfelmark und die Gemüsebrühe zufügen und das Gemüse für 15 Minuten kochen lassen. Anschließend mit dem Pürierstab zerkleinern. Nun noch den Oregano untermischen und die No-Tomatosoße mit Salz und Pfeffer abschmecken.

In einer ofenfähigen Pfanne einen Esslöffel Olivenöl erhitzen und die 3 Lachsfilets darin von jeder Seite für 1 Minute braten. Dann den Fisch für 8–10 Minuten in den heißen Backofen stellen.

In einem zweiten größeren Topf einen Esslöffel Olivenöl erhitzen und die Zucchininudeln für 3–4 Minuten bissfest braten. Dann die Gemüsenudeln mit der No-Tomatosoße und dem Lachs anrichten und auf dem Teller mit dem geriebenen Ziegengouda bestreuen.

TIPP

Das Rezept ist besonders geeignet für Menschen, die wegen einer Histaminintoleranz nicht so gut Tomaten vertragen.

Spinat-Ricotta-Zucchini al forno

Nährwerte pro Portion:
Kilokalorien: 546, Fett: 34,5 g, Kohlenhydrate: 15,4 g, Eiweiß: 42,1 g

ZUTATEN FÜR 4 PORTIONEN

Für die gefüllten Zucchini:
1,4 kg große Zucchini, längs halbiert und das Kerngehäuse ausgehöhlt
1 EL Olivenöl
75 g rote Zwiebeln, in Würfel geschnitten
1 Knoblauchzehe, fein gehackt
300 g TK-Blattspinat, aufgetaut und ausgedrückt (TK-Gewicht)
250 g Ricotta
125 g Parmesan, fein gerieben
Salz und Pfeffer

Für die Bolognesesoße:
1 EL Olivenöl
75 g rote Zwiebeln, in Würfel geschnitten
1 Knoblauchzehe, fein gehackt
400 g mageres Rinderhackfleisch (alternativ vegetarischer Hackersatz)
400 g geschälte Tomaten, aus der Dose
1 EL dunkler Balsamico-Essig
2 EL doppelt konzentriertes Tomatenmark
1 EL getrocknete Kräuter (Oregano, Thymian, Rosmarin)
½ TL rosenscharfes Paprikapulver
1 Msp. Chilipulver
Salz und Pfeffer

TIPP

In der Kürbiszeit lässt sich auch Hokkaido wunderbar füllen. Den halbierten und entkernten Kürbis aber dann vorweg ungefüllt im Ofen für 20 Minuten vorbacken, sonst wird er am Ende nicht weich genug.

ZUBEREITUNG

Den Backofen auf 180 °C Umluft vorheizen.

Für die gefüllten Zucchini einen Esslöffel Olivenöl in einem Topf erhitzen und die Zwiebelwürfel für einige Minuten glasig anbraten. Am Ende noch den gehackten Knoblauch kurz mit anschwitzen. Dann den Blattspinat zugeben und alles kurz gemeinsam braten und gut durchmischen. Die Spinatmischung mit Salz und Pfeffer würzen und anschließend in einer Schüssel leicht abkühlen lassen.

Für die Bolognesesoße im gleichen Topf erneut einen Esslöffel Olivenöl erhitzen und ebenfalls Zwiebelwürfel und Knoblauch anbraten. Anschließend das Hackfleisch zufügen und braten, bis es krümelig ist. Nun die Dosentomaten, den dunklen Balsamico-Essig, das Tomatenmark und die Gewürze hinzufügen und die Soße für 15 Minuten kochen lassen.

Während der Kochzeit der Bolognese-Soße, den Ricotta und ⅔ des geriebenen Parmesans unter die abgekühlte Spinat-Zwiebel-Masse mischen und die Spinat-Ricotta-Creme mit Salz und Pfeffer würzen. Danach die Spinatmischung in die ausgehöhlten Zucchini füllen.

Die fertige Bolognesesoße in eine große flache Auflaufform gießen und dann die gefüllten Zucchini auf die Soße setzen. Die gefüllten Zucchini zum Schluss noch mit dem restlichen Parmesan bestreuen und dann für 35–40 Minuten im Ofen backen.

Zucchinischnitten mit cremigen Nordseekrabben

Nährwerte pro Portion:
Kilokalorien: 422, Fett: 28,3 g, Kohlenhydrate: 12,8 g, Eiweiß: 31,8 g

ZUTATEN FÜR 2 PORTIONEN

800 g Zucchini (2 große Exemplare), die Enden abgeschnitten
75 g Crème fraîche
1 TL mittelscharfer Senf
3 TL Dill, frisch oder TK
125 g Nordseekrabben
100 g Butterkäse, gerieben
Salz und Pfeffer

ZUBEREITUNG

Den Backofen auf 180 °C Umluft vorheizen.

Die Zucchini längs mit dem Messer durchschneiden. Danach jede Zucchinihälfte in 3 bis 4 Stücke/Schnitten schneiden. Einen Teil der Kerne mit dem Messer aus den Zucchinistücken herausschneiden.

Die Zutaten für die cremigen Nordseekrabben vermengen und die Masse auf den Zucchinistücken verteilen.

Die gefüllten Zucchinischnitten auf ein mit Backpapier bedecktes Blech legen und so für 15–20 Minuten im Backofen backen. Die Zucchinischnitten schmecken warm und kalt.

TIPP

Zum Füllen und Überbacken eignen sich auch wunderbar Paprikaschalen oder extragroße Champignons, um mehr Abwechslung zur Zucchini zu haben.

Pfannen-Zwiebelkuchenfrittata mit Haferkleie

Nährwerte pro Portion:
Kilokalorien: 511, Fett: 32,8 g, Kohlenhydrate: 25,1 g, Eiweiß: 26,8 g

ZUTATEN FÜR 2 PORTIONEN

1 EL Olivenöl
600 g Gemüsezwiebeln, in Ringe geschnitten
75 g Katenschinkenwürfel (fleischlose Genießer lassen die einfach weg)
100 g Schmand, 24 % Fett
3 Eier, Größe L
30 g Haferkleie
2 EL Schnittlauch, in Röllchen geschnitten
Salz und Pfeffer

ZUBEREITUNG

Den Backofen auf 180 °C Umluft vorheizen.

In einer großen ofenfähigen Pfanne einen Esslöffel Olivenöl erhitzen und die Zwiebelringe darin für 8 Minuten weich braten. In den letzten Minuten noch die Katenschinkenwürfel zufügen und diese kurz mitbraten.

Während die Pfanne auf dem Herd ist, den Schmand mit den Eiern und der Haferkleie mixen und die Mischung mit Salz und Pfeffer abschmecken.

Dann die Mischung über die Zwiebelpfanne gießen und die gefüllte Pfanne für 12 Minuten in den Backofen stellen.

Anschließend aus dem Ofen holen. Die Pfannen-Zwiebelkuchenfrittata in 4 Teile teilen und noch mit den Schnittlauchröllchen bestreuen.

TIPP

Wenn es Ihnen doch ein wenig zu zwiebelig ist, können Sie einen Teil der Zwiebeln auch gegen Lauchringe tauschen.

Gemüse-Spinatauflauf

Nährwerte pro Portion:
Kilokalorien: 470, Fett: 29,9 g, Kohlenhydrate: 20,2 g, Eiweiß: 22,9 g

ZUTATEN FÜR 4 PORTIONEN

2 EL Olivenöl
500 g Gemüsezwiebeln, in Ringe geschnitten
500 g Kohlrabi, geviertelt und dann gehobelt
500 g Karotten, gehobelt
2 TL Gemüsebrühepulver
400 g junger gehackter TK-Spinat, im Küchensieb aufgetaut und abgetropft (TK-Gewicht)
150 g Kräuterfrischkäse
4 Eier, Größe L
¼ TL Muskatnuss, frisch gerieben
80 g mittelalter Gouda-Käse, grob gerieben
Salz und Pfeffer

TIPP

Der Auflauf kann noch gehaltvoller gemacht werden durch zusätzliche Schinkenwürfel oder durch die Beigabe von geräucherter Makrele.

ZUBEREITUNG

Den Backofen auf 180 °C Umluft vorheizen.

In einem großen Topf zwei Esslöffel Olivenöl erhitzen und die Gemüsezwiebelringe für 3–4 Minuten glasig anbraten. Dann den gehobelten Kohlrabi und die Karottenscheiben untermischen, das Gemüsebrühepulver unterrühren und alles gemeinsam für 2–3 Minuten braten. Der Kohlrabi müsste durch das Salz etwas Feuchtigkeit abgeben. Nun den Topfdeckel schließen und die Gemüsemischung für 8–10 Minuten auf mittlerer Hitze garen lassen. Dabei mehrfach umrühren, damit alles gleichmäßig bissfest wird. Dann den Topf von der Herdplatte nehmen und ohne Deckel etwas abkühlen lassen.

Während das Gemüse gart, den aufgetauten gehackten Spinat mit dem Frischkäse und den Eiern verrühren. Die Mischung mit der Muskatnuss und Salz und Pfeffer kräftig würzen. Wenn der Spinat noch sehr nass ist, dann diesen mit der Hand etwas ausdrücken, damit nicht zu viel Feuchtigkeit im Auflauf landet.

Nun die Spinat-Eiermischung unter das Gemüse im Topf mischen und anschließend alles in eine Auflaufform umfüllen und diese noch mit dem geriebenen Gouda bestreuen. Den Gemüseauflauf für 25–30 Minuten im Ofen backen, bis das Ei gestockt und der Käse goldbraun überbacken ist.

Afrikanische Erdnusssuppe

Nährwerte pro Portion:
Kilokalorien: 642, Fett: 41,1 g, Kohlenhydrate: 42,8 g, Eiweiß: 18,5 g

ZUTATEN FÜR 4 PORTIONEN

Für das Röstgemüse:
250 g Süßkartoffel, in 1 cm große Würfel geschnitten
250 g Knollensellerie, in 1 cm große Würfel geschnitten
250 g Karotten, in 1 cm große Würfel geschnitten
250 g Gemüsezwiebel, in Streifen geschnitten
2 TL edelsüßes Paprikapulver
1 TL gemahlener Kreuzkümmel
2 EL Olivenöl
Salz und Pfeffer

Für die Suppe:
1 EL Olivenöl
3 Knoblauchzehen, fein gehackt
1 TL rote Currypaste
250 g Lauch, in Ringe geschnitten
1 l Gemüsebrühe
500 ml Karottensaft (ohne zugesetzten Honig)
50 g doppelt konzentriertes Tomatenmark
2 TL edelsüßes Paprikapulver
2 TL Currypulver
1 TL gemahlener Kreuzkümmel
80 g Erdnussmus (ohne Zuckerzusatz)
Frisch gepresster Saft von einer halben Limette
250 ml Kokosmilch
60 g gesalzene und geröstete Erdnüsse, grob gehackt
Salz und Pfeffer

TIPP

Die Suppe hätte in mehrere Kategorien gepasst, so viele Gemüsesorten sind drin. Aber erweitern Sie die Suppe ruhig mal noch um 250 g geviertelte Kirschtomaten, denn auch die machen sich fruchtig toll in der Suppe.

ZUBEREITUNG

Den Backofen auf 180 °C Umluft vorheizen.

Das klein geschnittene Gemüse in eine große Ofenform geben und die Gewürze und das Olivenöl untermischen. Dann noch mit Salz und Pfeffer würzen. Das Gemüse für 25 Minuten im Ofen rösten.

In einem großen Suppentopf einen Esslöffel Olivenöl erhitzen und darin die Knoblauchwürfel anrösten. Dann die rote Currypaste zufügen und diese kurz anschwitzen. Nun noch den Lauch in den Topf geben und diesen für 1–2 Minuten braten.

Jetzt die Gemüsebrühe, den Karottensaft, das Tomatenmark und die Gewürze zufügen und die Suppe für 10 Minuten kochen lassen. Dann ⅔ vom im Ofen gerösteten Gemüse zur Suppe geben und alles gemeinsam für weitere 5 Minuten kochen lassen.

Als Nächstes das Erdnussmus und den Limettensaft zur Suppe geben und anschließend den Topfinhalt mit einem Pürierstab cremig pürieren. Nun noch die Kokosmilch unterrühren und die Suppe mit Salz und Pfeffer abschmecken.

Die Erdnusssuppe in Schalen anrichten und jeweils von dem restlichen Ofengemüse zur Suppe geben. Zum Schluss noch mit den gehackten Erdnüssen bestreuen.

Gemüsezwiebelauflauf auf Röstzucchini

Nährwerte pro Portion:
Kilokalorien: 473, Fett: 34,2 g, Kohlenhydrate: 11,9 g, Eiweiß: 26,1 g

ZUTATEN FÜR 4 PORTIONEN

750 g Gemüsezwiebeln, geschält
150 g TK-Erbsen
1 kg Zucchini, grün und gelb, geviertelt, ohne Kerngehäuse in grobe Rauten geschnitten
2 EL Olivenöl
3 Eier, Größe M
100 g Frischkäse
150 g Baconwürfel (fleischlose Genießer lassen die einfach weg)
½ TL Kurkumapulver
120 g Appenzeller-Käse, grob gerieben
Salz und Pfeffer

ZUBEREITUNG

Den Backofen auf 180 °C Umluft vorheizen.

Die ganzen Gemüsezwiebeln in einem Topf mit Wasser knapp bedeckt für 25 Minuten kochen. In den letzten 5 Minuten die gefrorenen Erbsen hinzufügen und mitkochen lassen. Alles in einem Küchensieb abgießen und leicht abkühlen lassen. Die gekochten Zwiebeln halbieren und dann in 2–3 cm breite Streifen schneiden.

Während die Zwiebeln abkühlen, eine große Ofenform mit den Zucchinistücken befüllen. Die beiden Esslöffel Olivenöl untermischen und das Gemüse mit Salz und Pfeffer würzen.

Die Eier mit dem Frischkäse mischen und die Zwiebelstücke, die Baconwürfel, die gekochten Erbsen, das Kurkumapulver und ⅔ des geriebenen Appenzeller-Käses untermischen. Kräftig mit Salz und Pfeffer abschmecken. Die Mischung in eine Auflaufform füllen, mit dem restlichen Käse bestreuen und dann für 20–25 Minuten im Ofen backen.

Nach 10 Minuten die vorbereiteten Zucchinistücke für 15 Minuten zu dem Zwiebelauflauf in den Ofen stellen und anschließend gemeinsam anrichten.

TIPP

Sie können die Zwiebel-Eiermischung auf vielfältige Art aromatisieren. Ob durch Currypulver oder eine Cajun-Gewürzmischung. Auch ein Bärlauch-Pesto oder ein Tomaten-Pesto gibt dem Gericht einen besonderen Twist.

Senf-Zwiebel-Bratwurst auf Röstgemüse

Nährwerte pro Portion:
Kilokalorien: 568, Fett: 39,7 g, Kohlenhydrate: 17,1 g, Eiweiß: 33,4 g

ZUTATEN FÜR 4 PORTIONEN

Für die Senf-Zwiebel-Bratwürste:
500 g grobe rohe dicke Bratwürste, mit der Gabel mehrfach eingestochen
2 TL Olivenöl
250 g rote Zwiebeln, geviertelt, in dünne Streifen geschnitten
75 g Schmand, 20 % Fett
2 TL mittelscharfer Senf
75 g mittelalter Gouda-Käse, grob gerieben
Salz und Pfeffer

Für das Ofengemüse:
500 g Zucchini, ohne Kerne, in Rauten geschnitten
250 g rote Paprika, in mundgerechte Stücke geschnitten
150 g Karotten, in Sticks geschnitten
300 g Kohlrabi, in Sticks geschnitten
1 EL Olivenöl
Salz und Pfeffer

ZUBEREITUNG

Den Backofen auf 180 °C Umluft vorheizen.

Die Bratwürste in einer Pfanne mit etwas Olivenöl kurz anbraten, bis diese Farbe haben. Dann aus der Pfanne nehmen. Die Bratwürste müssen nicht durchgebraten sein, denn die werden später noch im Ofen überbacken. Im Bratfett der Würste nun die Zwiebelstreifen für 15–20 Minuten weich braten. Dann den Schmand und den mittelscharfen Senf zufügen. Alles gemeinsam verrühren und mit Salz und Pfeffer abschmecken. Wenn es zu trocken wird, dann ein wenig Wasser unterrühren.

Das klein geschnittene Gemüse in einer Ofenform mit dem Olivenöl und Salz und Pfeffer mischen. Die befüllte Ofenform anschließend für 15 Minuten in den vorgeheizten Backofen stellen.

Als Nächstes die halb gebratenen Bratwürste längs aufschneiden und aufgeklappt auf das bereits 15 Minuten gebackene Ofengemüse legen. Dann die sahnige Zwiebelmischung über den Bratwürsten verteilen und den geriebenen Gouda-Käse darüber streuen. Alles zusammen nun für 10–12 Minuten im Ofen überbacken.

TIPP

Beim Gemüse den Kohlrabi und die Karotten kleiner schneiden als Zucchini und Paprikaschote, damit die Garzeit für alles zusammenpasst und das Gemüse Biss behält.

Brotloser Burger mit überbackenen Balsamico-Zwiebeln

Nährwerte pro Portion:
Kilokalorien: 563, Fett: 36,5 g, Kohlenhydrate: 15,1 g, Eiweiß: 38,5 g

ZUTATEN FÜR 2 PORTIONEN

Für die Balsamico-Zwiebeln:
200 g rote Zwiebeln, in Ringe geschnitten
1 EL Olivenöl
2 EL dunkler Balsamico-Essig
30 g Gruyére-Käse, grob gerieben
Salz und Pfeffer

Für die Burger-Patties:
10 g Kokosöl, oder Butterschmalz
300 g mageres Rinderhackfleisch,
nur mit Salz und Pfeffer gewürzt, zu Patties geformt

Für das Salatbett:
150 g orangene Paprika, in Streifen geschnitten
100 g Eichblattsalat, mundgerecht zerkleinert
150 g Kirschtomaten, halbiert

Für die Salatsoße:
2 TL dunkler Balsamico-Essig
30 g Frischkäse
3 EL Wasser
Salz und Pfeffer

TIPP

Keine Lust die Burger-Patties selber zu machen? Kein Problem, denn es gibt sie beim Metzger oder als TK-Ware fix und fertig zum Braten. Auch vegetarisch oder vegan gibt es kaum Grenzen für die Burgerlust.

ZUBEREITUNG

Den Backofen auf 180 °C Umluft vorheizen.

Die Zwiebelringe in einer größeren Pfanne in einem Esslöffel Olivenöl für 12–15 Minuten braten. Dann den dunklen Balsamico-Essig zufügen, kurz mitbraten und anschließend mit Salz und Pfeffer würzen. Wer es mit mehr Aroma mag, kann auch gerne etwas gehackten Rosmarin oder Thymian zufügen, dann kommt nochmal eine weitere Geschmacksnote hinzu.

Eine ofenfähige Pfanne mit dem Kokosöl erhitzen und die Burger Patties 1–2 Minuten scharf von jeder Seite anbraten. Anschließend die Balsamico-Zwiebeln auf dem Fleisch verteilen und den geriebenen Gruyére-Käse darüberstreuen. Nun die Pfanne für 7–8 Minuten in den heißen Backofen stellen.

Auf 2 tiefen Tellern oder Schalen die Zutaten für den Salat verteilen. Dann das Salatdressing mit einem Schneebesen anrühren. Das Salatdressing nun über dem Salat verteilen. Anschließend die überbackenen Burger-Patties mit den Zwiebeln und dem Käse aus dem Ofen nehmen und auf den Salat legen.

Rumpsteak-Röstzwiebelpfanne mit mandeligem Romanesco-Süßkartoffelpüree

Nährwerte pro Portion:
Kilokalorien: 460, Fett: 17,5 g, Kohlenhydrate: 36,8 g, Eiweiß: 36,9 g

ZUTATEN FÜR 3 PORTIONEN

Für das Romanesco-Süßkartoffelpüree:
500 ml Gemüsebrühe
600 g Romanesco, in Stücke geschnitten
300 g Süßkartoffel, in 1–2 cm große Würfel geschnitten
1 Msp. Muskatnuss, frisch gerieben
½ TL edelsüßes Paprikapulver
40 g Mandelmus
Salz und Pfeffer

Für die Rumpsteak-Röstzwiebelpfanne:
15 ml Rapsöl mit Butteraroma, oder Butterschmalz
600 g Roscoff-Zwiebeln, oder rote Zwiebeln, in Ringe geschnitten
2 EL helle Sojasoße
½ TL Zuckerersatz
350 g Rumpsteaks, in 1 cm breite Streifen geschnitten
Salz und Pfeffer

ZUBEREITUNG

In einem Topf 500 ml Gemüsebrühe erhitzen und den Romanesco und die Süßkartoffelwürfel für 8–10 Minuten kochen. Das Gemüse in einem Küchensieb abgießen und zurück in den heißen Topf geben. Das Gemüse pürieren. Dann mit Muskatnuss und Paprikapulver würzen und noch das Mandelmus unterrühren. Das Romanesco-Süßkartoffelpüree mit Salz und Pfeffer abschmecken.

In einer großen Pfanne das Rapsöl erhitzen und die Zwiebelringe für 8–10 Minuten braten. Die dürfen dabei ruhig etwas Farbe und Röstaromen entwickeln. Dann die beiden Esslöffel Sojasoße und einen halben Teelöffel Zuckerersatz untermischen. Die Zwiebelringe an den Rand schieben und in der Mitte die Rumpsteakstreifen für 1–2 Minuten bei hoher Hitze von allen Seiten braten.

Die Pfanne von der heißen Platte nehmen und das Fleisch unter die Röstzwiebel mischen und alles mit Salz und Pfeffer würzen.

Das Romanesco-Süßkartoffelpüree mit der Rumpsteak-Röstzwiebelpfanne anrichten.

TIPP

Wenn Sie kein rotes Fleisch mögen, dann braten Sie doch Putenbruststreifen oder Hähnchenstreifen. Das Geflügel muss aber unter Umständen länger gebraten werden, denn es muss bei Verzehr vollständig durchgegart sein.

Rote Bete mit Schlemmerzwiebeln

Nährwerte pro Portion:
Kilokalorien: 492, Fett: 27,7 g, Kohlenhydrate: 38,1 g, Eiweiß: 19,1 g

ZUTATEN FÜR 2 PORTIONEN

600 g rohe Rote Bete, in Wedges geschnitten
2 EL Olivenöl
400 g Gemüsezwiebeln, in Ringe geschnitten
2 EL helle Sojasoße
50 ml zuckerfreier Ketchup
1 TL dunkler Balsamico-Essig
½ TL mittelscharfer Senf
1 TL Thymian, frisch oder getrocknet
1 TL Majoran, frisch oder getrocknet
80 g Gruyère-Käse, grob gerieben
Salz und Pfeffer

ZUBEREITUNG

Den Backofen auf 180 °C Umluft vorheizen.

Die Rote-Bete-Wedges in eine große Ofenform geben, mit einem Esslöffel Olivenöl mischen und mit Salz und Pfeffer würzen. Die gefüllte Ofenform für 25 Minuten in den heißen Backofen stellen.

Auf dem Herd einen Topf mit einem Esslöffel Olivenöl erhitzen und die Zwiebelringe für 15 Minuten braten. Dann die beiden Esslöffel Sojasoße, das Ketchup, den Balsamico-Essig, den Senf und die Gewürze untermischen. Die Zwiebelringe so für 5–6 Minuten braten und dabei mit Salz und Pfeffer würzen.

Die Rote-Bete-Wedges aus dem Ofen holen und in eine kleinere Ofenform umfüllen. Darüber die gebratenen Zwiebeln verteilen und den geriebenen Gruyère-Käse über das Essen streuen. Die Ofenform nun erneut für 20 Minuten in den Ofen stellen zum Überbacken.

TIPP

Für das Rezept können Sie auch jede andere Sorte von Zwiebeln verwenden. Egal ob rote Zwiebeln oder gelbe, auch Schalotten passen prima.

Wer hat´s gemacht

ÜBER DIE AUTORIN

Geboren im Jahr der Mondlandung, habe ich im Jahr 2014 mein Leben über den Haufen geworfen. Nach einem Burn-out und einer frisch diagnostizierten Diabetes-Erkrankung ging es nicht mehr so weiter wie früher. Als begeisterte Hobbyköchin und mit viel Leidenschaft für die Ernährungswissenschaften ausgestattet, begann ich im Internet den Blog »www.HappyCarb.de« zu schreiben. Als humorvolle Bloggerin und kreative Rezeptentwicklerin durch die positiven Rückmeldungen meiner Leser/innen bestärkt, war der dann folgende Schritt zur Buchautorin nur noch ein kleiner. Inzwischen sind aus meiner Feder eine ganze Reihe von wunderbaren Koch- und Sachbüchern erschienen. Alle Titel sind gefüllt mit der Liebe zur guten Küche und der festen Überzeugung, dass gesunde Rezepte schmecken und glücklich machen.

DIE GRAFIKERIN SIMONE RUTHS

Simone Ruths lebt und arbeitet als freie Designerin in Darmstadt. Unter "rosavision" gestaltet und illustriert sie seit 2010 unter anderem Koch- und Sachbücher wie die Happy Carb Reihe, Viva Mallorca, Ibiza - Vom Auswandern und Kochen u.v.m. für zahlreiche Verlage. Mit Liebe zum Detail verleiht sie verschiedensten Themen Lebendigkeit und visuelle Tiefe. In diesem Jahr wurde ihr erstes eigenes Backbuch "Patisserie de luxe" bei Gräfe und Unzer veröffentlicht. Mehr Infos gibt es unter *www.rosavision.de* und *www.patisserie-de-luxe.de.*

Ihre Leidenschaft gilt der Malerei und dem Künstlerkollektiv *www.rosamiko.de*

Impressum

Bibliografische Information der Deutschen Nationalbibliothek
Die Deutsche Nationalbibliothek verzeichnet diese Publikation in der Deutschen Nationalbibliografie. Detaillierte bibliographische Daten sind im Internet unter http://d-nb.de abrufbar.

WICHTIGER HINWEIS:
Dieses Buch ist für Lernzwecke gedacht. Alle vorliegenden Informationen beruhen auf gründlicher Recherche der Autorin. Alle Angaben, Empfehlungen und Informationen erfolgen ohne Gewähr und stellen keinen Ersatz für eine individuelle medizinische Beratung dar. Die Autorin haftet für keinerlei nachteiligen Auswirkungen, die in einem direkten oder indirekten Zusammenhang mit den Informationen stehen, die in diesem Buch enthalten sind.

Originalausgabe
1. Auflage 2022

Bettina Meiselbach
Obere Stadtwiese 22
D-64711 Erbach
Für Fragen und Anregungen:
blog@happycarb.de

Korrektorat: Norbert Kroth, Carsten Meiselbach
Umschlaggestaltung, Satz & Layout: Simone Ruths (www.rosavision.de)
Fotografie: Bettina Meiselbach, Carsten Meiselbach (www.happycarb.de)
Autorenfoto: Pia Göpfert, Erbach
Bildmaterial und Illustrationen:
Logoillustration: www.signyra.com, Illustrationen Inhalt www.freepik.com/, Bildmaterial S. 4,9,10-15 www.freepik.com, Foto Seite 159: Christian Heyse
Druck: Balto Print, Litauen
Printed in EU

ISBN: 978-3-98595-210-6

Bestellung und Vertrieb:
Nova MD GmbH, Raiffeisenstr. 4, 83377 Vachendorf